孟子

[战国]孟 轲·著

邵士梅·注译

陕西新华出版 三秦出版社

图书在版编目（CIP）数据

孟子／（战国）孟轲著；邵士梅注译． —— 西安：
三秦出版社，2008.01（2024.1 重印）
（国学百部经典丛书）
ISBN 978-7-80736-342-2

Ⅰ．①孟… Ⅱ．①孟… ②邵… Ⅲ．①儒家②孟子—
注释③孟子—译文 Ⅳ．① B222.5

中国版本图书馆 CIP 数据核字（2007）第 188822 号

书　　名	孟　子
作　　者	［战国］孟轲 著　邵士梅 注译
责　　编	鱼治文
封面设计	新华智品

出版发行	三秦出版社
社　　址	西安市雁塔区曲江新区登高路 1388 号
电　　话	（029）81205236
邮政编码	710061
印　　刷	北京一鑫印务有限责任公司
开　　本	680×1020　1/16
印　　张	9
字　　数	120 千字
版　　次	2008 年 4 月第 2 版
印　　次	2024 年 1 月第 2 次印刷
标准书号	ISBN 978-7-80736-342-2

定　　价	39.80 元
网　　址	http://www.sqcbs.cn

却言行不一，整天把古人挂在嘴边，总是说古人怎么样。'又批评耿直的人说：'怎么那么不合群呢？'又说：'生活在这个世界上，为这个世界做事，只要过得去就行了。'这种隐藏了内心的真实想法，八面玲珑，四方讨好的人，就是好好先生。"

万章问："全乡里的人都说他是老好人，他也到处表现出是一个老好人，孔子却认为他这种人是贼害道德的人，这是为什么呢？"

孟子回答说："对这种人，你如果要去指责他，却又拿不出他有什么大错误来；要责骂他，却也没有什么可以责骂的东西。他只是附庸时世，看起来忠实可靠，行为又好像很方正清洁；大家也都喜欢他，他也自以为是；但是，他们的行为和尧舜之道大相径庭，所以说他们是'贼害道德的人'。孔子说过，厌恶那形似神异的东西：厌恶狗尾巴草，因为怕它常常让人误以为是禾苗；厌恶不正当的才智，因为怕它把义搞乱了；厌恶夸夸其谈，因为怕它把信实搞乱了；厌恶郑国的音乐，因为怕它把雅乐搞乱了；厌恶紫色，因为怕它把大红色搞乱了；厌恶好好先生，因为怕他把道德搞乱了。君子使一切事物回归正道就行了。正道不被歪曲，老百姓就会兴奋积极；老百姓兴奋积极了，那就不会产生邪恶了。"

【赏析】

本章孟子以孔子之道来论人，评论了中道、狂、狷、乡愿四种人的人品。他赞扬了中道之士的高尚品德，揭露了乡愿的卑鄙和虚伪。目的是激励人们加强修养，克服狂、狷之士偏离中道的行为，遵循仁义礼智道德规范，努力成为中道之士。同时也强调了儒家的仁义之道教化百姓、制止邪恶的思想，表现了作者对美好理想人格的追求。

前　言

　　《孟子》是我国古代思想家孟子言论的总汇，是战国时孟子与其弟子万章等著。

　　孟子，战国时思想家、政治家、教育家，名轲，字子舆，邹人（今山东邹县）。少年家贫，由寡母抚养成人。在孟母"择邻处"、"断机杼"的教育下，孟子拜子思为师，潜心攻读孔子的儒家学说，终成儒学思想的一代尊师，被后人称为"亚圣"。

　　《孟子》一书对于儒家的重要意义，在于它继承并发展了孔子的思想。《孟子》的思想主体是伦理政治学说，其理论基础是性善论。孟子认为，人都有恻隐之心、羞恶之心、恭敬之心、是非之心，这四心就是人类的文化规范——仁、义、礼、智的萌芽和根本。虽然从理论上来说人性是本善的，但从实际上看，人们处事并不能完全符合仁义标准。所以孟子强调品德修养，以此恢复丧失了的本性之善。由于强调自我品德的修养，孟子表现出强烈的自尊、自强精神和一定程度上的人格独立。将人性善的理论推广到政治领域，就是"仁政"的学说，这是孟子思想的核心。

　　孟子的"仁政"学说，包含了对人民的重视，即民本思想，也就是说把人民看作是国家政治的根本。民本思想是孟子学说中最光辉的组成部分，他认为人民要比国君重要得多，"民为贵，社稷次之，君为轻"。孟子的民本思想，是对我国古代人道主义思想的总结和提高，虽然这种思想与现代思想尚有差异，但仍然值得我们加以借鉴。

　　孟子强调个人自强奋斗，认为"天将降大任于斯人也，必先苦其心志，劳其筋骨，饿其体肤，空乏其身，行拂乱其所为"；只要我们不断磨砺自己，终能战胜困难，获得成功。在继承孔子学说的同时，他光大了儒学仁、义根本，使之更完善，更系统化。

　　《孟子》是儒家学派的代表作品，不仅保存了儒家先哲的思想和智慧，也体现了早期儒家学说形成、发展的轨迹。它不仅蕴含了儒家思想的核心内容，也是儒家学说认识论和方法论的集中体现。这其中有许多优秀的思想精髓，是华夏无数先贤思想和智慧的结晶，今天读来，仍不失其深刻的

教育意义和启迪价值，堪称是源远流长的民族文化精华。为了能让读者更直观更全面地了解和体味先哲们的生活状况及其思想内涵，书中特意精选了数十幅精美人物肖像和先哲们的生活场景图，这些插图与书中文字相得益彰，辉映成趣，使读者在获取知识的同时，并能享受轻松愉悦的阅读体验。

编　者
2008 年 1 月

目　录

梁 惠 王 上

【原文】

孟子见梁惠王[1]。王曰:"叟不远千里而来,亦将有以利吾国乎?"孟子对曰:"王何必曰利?亦有仁义而已矣。王曰何以利吾国,大夫曰何以利吾家,士庶人曰何以利吾身,上下交征利[2]而国危矣。万乘之国[3],弑其君者[4],必千乘之家。千乘之国,弑其君者,必百乘之家。万取千焉,千取百焉,不为不多矣。苟[5]为后义而先利,不夺不餍[6]。未有仁而遗其亲者也,未有义而后其君者也。王亦曰仁义而已矣,何必曰利?"

【注释】

〔1〕梁惠王:即魏惠王,名䓨,惠是他的谥号。因为魏国都城是大梁(今河南开封),所以也叫梁惠王。

〔2〕交征利:征,取。交征利,互相取利。

〔3〕万乘(shèng)之国:乘,古代1辆兵车叫1乘。有1万辆兵车的国家,就是较大的诸侯国。

〔4〕弑(shì)其君者:弑,杀。古代把臣杀死国君或儿子杀死父亲,叫作"弑"。

〔5〕苟(gǒu):如果。

〔6〕餍(yàn):足、满足。

孟 子

【译文】

孟子谒见梁惠王。梁惠王说:"老先生,您不远千里跑到魏国来,是想做什么对我国有利的事吧?"孟子回答说:"王,您为什么一开口就谈利呢?只要讲仁义就好。如果王说:'怎样才对我的国家有利呢?'大夫说,'怎样才对我的封地有利呢?'普通的士人和百姓也都说,'怎样才对我本人有利呢?'这样,举国上下逐利,国家就危险了。在拥有1万辆兵车的国家里,能杀掉他的国君的,一定是拥有1千辆兵车的大夫;在拥有1千辆兵车的国家里,杀掉他的国君的，一定是拥有1百辆兵车的大夫。在拥有1万辆兵车的国家中，大夫拥有1千辆兵车；在拥有1千辆兵车的国家中，大夫拥有1百辆兵车；这些大夫的产业够多的了。但是，如果轻义重利，那大夫若不侵夺国君的财产，是永远不会满足的。从来没有讲'仁'的人遗弃自己的父母的，也没有讲'义'的人会怠慢他的君主。您只要讲仁义就行了，为什么一定要讲利益呢？"

【赏析】

孟子生活的是一个战火连年不断、篡夺兼并无数的苦难时代，不论国家还是个人，一切活动都落脚在现实功利的衡量上。孟子立身斯世，为重建价值观念，对抗时代狂潮，他大力地宣传着儒家的仁义思想。

本章即孟子与梁惠王的对话，在此他针对梁惠王开口便言利的行为阐述了自己的观点——作为君主治理国家要依靠仁义。为了显示其观点的正确性，他从反面分析了国君、大夫、士、百姓舍弃仁义而上下互相追逐私利就会使国家陷入危险境地的危害性。因此总结出：只有把仁义当做治理国家的最高原则，才是根本上的大利。

【原文】

孟子见梁惠王，王立于沼上，顾鸿雁麋鹿，曰："贤者亦乐此乎？"孟子对曰："贤者而后乐此，不贤者虽有此不乐也。《诗》云：'经始灵台，经之营之，庶民攻之[1]，不日成之。经始勿亟[2]，庶民子来。王在灵囿，麀鹿攸伏[3]。麀鹿濯濯[4]，白鸟鹤鹤[5]。王在灵沼，於牣[6]鱼跃。'文王以民力为台为沼，而民欢乐之。谓其沼曰灵台，谓其沼曰灵沼，乐其有麋鹿鱼鳖。古之人与民偕乐，故能乐也。《汤誓》曰：'时日害丧，予及女偕亡[7]。'民欲与之偕亡，虽有台池鸟兽，岂能独乐哉？

【注释】

〔1〕攻：治。这里指建筑灵台的工作。
〔2〕亟(jí)：急、急迫。
〔3〕麀(yōu)鹿攸伏：麀，母鹿。攸，所。

〔4〕濯濯（zhuó）：肥胖有光泽的样子。

〔5〕鹤鹤：羽毛洁白的样子。

〔6〕於牣（wū rèn）：於，语气词。牣，满。

〔7〕时日害丧，予及女偕亡：时，此、这。日，太阳。害，同"曷"，何。予，我。女，同"汝"，你。偕亡，一起死。

【译文】

　　孟子谒见梁惠王。梁惠王站在池塘边上，一边看着鸟兽，一边说："有德行的人也会以此为乐吗？"孟子回答说："只有有德行的人才能体会出这里面真正的乐趣，没有道德的人即使有这种快乐，但无法体会出这里面真正的乐趣。《诗经》上说：'开始筑灵台，经营复经营，大家齐努力，很快就落成。王说不要急，百姓更努力。王到鹿苑中，母鹿正安逸。母鹿光又肥，白鸟羽毛洁。王到灵沼中，满池鱼欢跃。'周文王借百姓之力兴建高台池沼，可是百姓却乐于被他役使，把那台叫作'灵台'，把那池沼叫作'灵沼'，还为王拥有各种各样的禽兽鱼鳖高兴。就因为王能与民同乐，所以他能得到真正的快乐。而夏桀却不那样，所以百姓怨恨他。《汤誓》上说：'太阳啊！你什么时候消失呢？我宁肯跟你一起死去！'作为一国之君，百姓竟想和他同归于尽，即使有高台深池、奇禽异兽，他自己能高兴到哪去呢？"

【赏析】

　　本章孟子劝告为政者要体恤百姓，同情民苦，以民之忧为忧，民之乐为乐，做到与民同乐。他从正反两方面来说明这个道理。周文王是一位贤明的国君，他用民力修筑灵台，百姓却乐于被他役使，因为灵台建成后百姓也能享乐其中，周文王做到与民同乐。暴君夏桀因施暴政，结果弄得民不聊生，百姓恨他恨到宁愿和他同归于尽的程度，即使台池再好，暴君能安心享受吗？

【原文】

　　　　梁惠王曰："寡人之于国也，尽心焉耳矣。河内凶，则移其民于河东，移其粟于河内。河东凶亦然。察邻国之政，无如寡人之用心者。邻国之民不加少，寡人之民不加多，何也？”

孟子对曰：“王好战，请以战喻：填然鼓之[1]，兵刃既接，弃甲曳兵而走[2]。或百步而后止，或五十步而后止。以五十步笑百步，则何如？”

曰：“不可，直不百步耳[3]，是亦走也。”

曰：“王如知此，则无望民之多于邻国也。

“不违农时，谷不可胜食也。数罟不入洿池[4]，鱼鳖不可胜食也。斧斤以时入山林，材木不可胜用也。谷与鱼鳖不可胜食，材木不可胜用，是使民养生丧死无憾也。养生丧死无憾，王道之始也。五亩之宅，树之以桑，五十者可以衣帛矣[5]。鸡豚狗彘之畜，无失其时[6]，七十者可以食肉矣。百亩之田，勿夺其时，数口之家可以无饥矣。谨庠序之教[7]，申[8]之以孝悌之义，颁白[9]者不负戴于道路矣。七十者衣帛食肉，黎民不饥不寒，然而不王[10]者，未之有也。

“狗彘食人食而不知检，涂有饿莩而不知发[11]。人死，则曰：‘非我也。岁也。’是何异于刺人而杀之。曰：‘非我也，兵也。’王无罪岁[12]，斯天下之民至焉。”

【注释】

〔1〕填然鼓之：填然，鼓声咚咚响。之，助词。

〔2〕走：跑。古代把快跑叫“走”。

〔3〕直不百步耳：直，只是、不过。耳，助词。

〔4〕数（shuò）罟（gǔ）不入洿（wū）池：数，细、密。罟，鱼网。洿，大、深。

〔5〕帛（bó）：丝织品总称。

〔6〕无失其时：时，时候，时节，时机。种庄稼、养畜禽、养鱼捕鱼，都要抓住时节。

〔7〕庠（xiáng）序之教：庠序，古代称学校，夏代叫“校”，商代叫“序”，周代叫“庠”。

〔8〕申：重复强调。如：三令五申。

〔9〕颁（bān）白：颁，斑。颁白，斑白，指头发花白。

〔10〕王（wàng）：称王。

〔11〕涂有饿莩(piǎo)而不知发：涂，同"途"，道路。饿莩，饿死的人。发，开仓放粮赈济饥民。

〔12〕王无(wú)罪岁：无，同"毋"，不要。罪，过错。岁，年成、年景。意思是王你不要把过错推给年成。

【译文】

梁惠王说："我治理国家，真可谓鞠躬尽瘁。河内闹饥荒，我就把那里的一部分百姓迁到河东，同时还从河东往河内调粮赈灾。如果河东遭了饥荒也是这样做。我曾经考察过邻国的政治，没有哪个国君能像我这样体恤民情的。可是，那些国家的百姓却并未因此而减少，我的百姓也并不因此而增多，为什么会这样呢？"

孟子回答："王您喜欢战争，那就让我用战争来打个比方吧！战鼓一响，双方刚一交战，就丢盔卸甲拖着兵器向后逃跑。有的一口气跑了100步停住脚，有的一口气跑了50步停住脚。那些跑50步的战士竟耻笑跑100步的战士，您觉得那些跑50步的战士做得对吗？"

梁惠王说："不对，虽然他没跑100步，但也是逃跑呀！"

孟子说："王如果懂得这个道理，那就不要再希望你的百姓比邻国多了。

"如果在农民耕种和收获的季节，不去征发徭役，妨害百姓的生产，那就会有吃不完的粮食。如果不用细密的鱼网到大池沼里捕鱼，那就会有吃不完的鱼。如果定时砍伐树木，就会有用不完的木材。粮食和鱼类吃不完，木材用不尽，百姓对生老病死就不会有怨言。百姓对这些都没有不满，这就是'王道'的开端啊！凡是5亩大的宅园中都种植桑树，那么，50岁以上的人都能穿上丝绵袄了。鸡、狗、猪家畜，家家都有足够的饲料和时间去喂养，那么，70岁以上的人都能吃上肉了。有百亩耕地的人家，不妨碍他们生产，那么，人口少的家庭就能吃得饱了。好好地办些学校，时常用孝顺父母、敬爱兄长的大道理来训导他们，那么，人人都会敬老尊贤；老人也就不会用头顶着、用肩扛着重物在路上走了。70岁以上的人有丝绵袄穿，有肉吃，普通百姓不用为衣食发愁，这样天下百姓谁不愿归附您呢？

"现在情况并不这样。富贵人家的猪狗吃掉了百姓的粮食，却不加以检查、制止。有人饿死在路边还不开仓放粮，赈济灾民。百姓死了，竟然说，'这不是我的错，是年成不好啊！'这种说法和拿着

刀子杀死了人，却说：'这不是我杀的，是兵器杀的'，又有什么不同呢？王您如果不推托说年成不好，而是改革政事，别国的百姓都会来投奔您的。"

【赏析】

本章孟子主张施"王道"、行"仁政"。孟子认为只有以德治国才能使远人来朝，"仁政"思想是建立在"王道"乐土之上的。其中"养民"、"教民"是"仁政"思想的具体体现，只有大力发展生产，解决了百姓的生计问题，才能实现国家的安定和富强。当人民富足之后，要及时"教民"，要让人民普遍懂得伦理道德礼仪，因为教化的作用能保障社会稳定、国家安定。

【原文】

梁惠王曰："寡人愿安承教。"

孟子对曰："杀人以梃与刃，有以异乎？"

曰："无以异也。"

"以刃与政，有以异乎？"

曰："无以异也。"

曰："庖有肥肉，厩有肥马[1]，民有饥色，野有饿莩，此率兽而食人也。兽相食，且人恶之。为民父母，行政不免于率兽而食人，恶[2]在其为民众父母也？仲尼曰[3]：'始作俑者[4]，其无后乎！'为其象人而用之也。如之何其使斯民饥而死也？"

【注释】

〔1〕庖（páo）有肥肉，厩（jiù）有肥马：庖，厨房。厩，马棚。

〔2〕恶（wū）：何，为什么。

〔3〕仲尼：孔子，姓孔，名丘，字仲尼。

〔4〕俑（yǒng）：殉葬用的木偶、土偶叫作俑。

【译文】

梁惠王说："您教训得是，我乐于接受您的批评。"

孟子回答说："用木棒打死人和用刀子杀死人，有什么不同吗？"

梁惠王说："没什么不同。"

孟子说："用刀子杀死人和用政治害死人，有什么不同吗？"

梁惠王说："没有。"

孟子又说："现在您的厨房里有皮薄膘肥的肉，您的马圈里有健壮的马，可是饥民横尸荒野，这等于在上位的人率领着禽兽来吃人。兽类自相残杀，人尚且厌恶它；做百姓父母官的，主持政事，却要鱼肉百姓，那还算是百姓的父母官吗？孔子说过，'第一个造作木偶来殉葬的人，该断子绝孙！'孔子所痛恨的，就是因为木偶土偶像人形，却用来殉葬。用人形的木偶土偶代替人来殉葬，尚且不可以，又怎么能让百姓活活地饿死呢？"

【赏析】

本章孟子提醒梁惠王，作为国君心里要装着百姓，把百姓当人看。同样，在上位的人，主持政事的时候要公正，不徇私情，做好百姓的父母官。这一观点体现了孟子的"民本思想"。

【原文】

梁惠王曰："晋国[1]，天下莫强焉，叟之所知也。及寡人之身，东败于齐，长子死焉；西丧地于秦七百里；南辱于楚。寡人耻之，愿比死者一洒之[2]，如之何则可？"

孟子对曰："地方百里而可以王。王如施仁政于民，省刑罚，薄税敛，深耕易耨[3]。壮者以暇日修其孝悌忠信，入以事其父兄，出以事其长上，可使制[4]梃以挞秦楚之坚甲利兵矣。

"彼夺其民食，使不得耕耨以养其父母；父母冻饿，兄弟妻子离散。彼陷溺其民，王往而征之，夫谁与王敌？故曰：'仁者无敌。'王请勿疑。"

【注释】

〔1〕晋国：即魏国，不是三家分晋的晋国。
〔2〕洒（xǐ）之：洒同"洗"。洒之，洗去耻辱。
〔3〕耨（nòu）：锄草。
〔4〕制（cʻè）：同"掣"，拉、拽、拿起来。

【译文】

梁惠王说："早先魏国实力雄厚，天下无国能敌，这一点，您自然很清楚。现如今，东边和齐国打了一仗，大败而回，连我的大儿子都牺牲了；西边又败给秦国，丧失了河西700多里地；南边又被楚国抢去了8个城池。我认为这实在是奇耻大辱，希望能够替我国所有的战死者报仇雪恨，您说该怎么办？"

孟子回答说："只要有纵横100里的小国，就可以实行仁政而使天下归服，何况魏国这样的大国呢！您如果向百姓推行仁政，减少刑罚，减轻赋税，叫百姓能够深耕细作，早除荒草；让年轻的人在闲暇时间来讲求孝顺父母、敬爱兄长、为人尽心竭力、待人忠诚守信的道德，而且运用这些道德，在家就侍奉父兄，居官则尊敬上级，这样，就是拿着木棒也可以抗击拥有坚实盔甲、锐利刀枪的秦楚军队了。

"秦国、楚国经常征兵，侵占了百姓的生产时间，使他们不能耕种，无法供养父母。他们的父母挨饿受冻，兄弟妻子四散奔逃。秦王、楚王使他们的百姓陷于水深火热之中。您去讨伐他，谁会抵抗您呢？所以老话曾经说过，'施仁政的人是无敌于天下的。'这一点您毋须置疑！"

【赏析】

本章孟子规劝梁惠王为政要从最根本处着手，即施行仁政，且不要被一时的成败所动摇。孟子的仁政主张是：一方面要减少刑罚、赋税，使百姓富足；一方面要加强教育，使百姓孝顺父母，尽心竭力，待人真诚守信道德，在家侍奉父兄，居官尊敬上级等。这样百姓既无生活之忧，又懂孝悌忠信之道，如此，安定有序的国家何愁实现不了。

【原文】

孟子见梁襄王[1]。出，语人曰："望之不似人君，就之而不见所畏焉。卒然[2]问曰：'天下恶乎定？'

吾对曰：'定于一。'

'孰能一之？'

对曰：'不嗜杀人者能一之。'

'孰能与之[3]？'

对曰：'天下莫不与也。王知夫苗乎？七八月[4]之间旱，则苗槁矣。天油然作云，沛然下雨，则苗浡然兴之矣^[5]。其如是，孰能御之？今夫天下之人牧^[6]，未有不嗜杀人者也。如有不嗜杀人者，则天下之民皆引领而望之矣。诚如是也，民归之，由水之就下^[7]，沛然谁能御之？'"

【注释】

〔1〕梁襄王：梁惠王的儿子，名嗣（sì）。

〔2〕卒（cù）然：同"猝然"，突然。

〔3〕孰（shú）能与之：孰，谁。与，从，跟随。

〔4〕七八月：周代历法，七八月相当于今天的农历五六月。

〔5〕浡（bō）然兴之矣：然，猛然。兴，兴起。之和矣都是语气词。

〔6〕人牧：治理人民的人，指国。

〔7〕由水之就下：由，同"犹"，如同，好像。水之就下，水向下流。

【译文】

孟子谒见完梁襄王，回去对别人说："从远处看，他没有个国君的样儿；离近看，也看不到他的威严。他突然问我：'怎样才能平定天下呢？'

我回答说：'天下归于一统，就能安定。'

他又问：'谁能统一天下呢？'

我又回答说：'不喜欢杀人的国君，就能统一天下。'

他又问：'那谁愿跟随他呢？'

我又回答说：'天下的人没有不愿跟随他的。您懂得禾苗的情况吗？七、八月间，若是长期不下雨，禾苗自然就枯萎了。如果层云密布下起大雨，禾苗就又勃发出生机茂盛地生长起来。像这样，有谁能够阻挡得住呢？如今各国的君王，没有一个不好杀人的。如果有一位不好杀人的君王，那么，天下的百姓就会伸长脖子期待他来解救了。真是这样，百姓归附于他，跟随他走，好像水向下奔流一样，有谁能挡得住呢？'"

【赏析】

本章孟子反对暴政，他认为只有出现仁德的国君，百姓才会"悦而归之，如水就下"，形成不可抗拒的归顺之潮。但当时七国之君，个个都想杀人取胜，从武力取得天下，想实行仁政不是说说就能做到，关键在于为政者必须有一颗关爱百姓的心。

齐宣王问曰[1]："齐桓、晋文之事可得闻乎[2]？"

孟子对曰："仲尼之徒无道桓、文之事者，是以后世无传焉。臣未之闻也。无以[3]，则王乎？"曰："德何如，则可以王矣？"

曰："保民而王，莫之能御也。"

曰："若寡人者，可以保民乎哉？"

曰："可。"

曰："何由知吾可也？"

曰："臣闻之胡龁曰[4]，王坐于堂上，有牵牛而过堂下者，王见之，曰：'牛何之？'对曰：'将以衅钟[5]。'王曰：'舍之！吾不忍其觳觫[6]，若无罪而就死地。'对曰：'然则废衅钟与？'曰：'何可废也？以羊易之。'不识有诸？"

曰："有之。"

曰："是心足以王矣。百姓皆以王为爱也，臣固知王之不忍也。"

王曰："然。诚有百姓者。齐国虽褊小[7]，吾何爱一牛？即不忍其觳觫，若无罪而就死地，故以羊易之也。"

曰："王无异[8]于百姓之以王为爱也。以小易大，彼恶知之？王若隐[9]其无罪而就死地，则牛羊何择焉。"

王笑曰："是诚何心哉？我非爱其财而易之以羊也，宜乎百姓之谓我爱也。"

曰："无伤也，是乃仁术也，见牛未见羊也。君子之于禽兽也，见其生，不忍见其死；闻其声，不忍食其肉。是以君子远庖厨也。"

王说[10]曰："《诗》云：'他人有心，予忖度之[11]。'夫子之谓也。夫我乃行之，反而求之，不得吾心。夫子言之，于我心有戚戚焉[12]。此心之所以合于王者，何也？"

曰："有复于王者曰：'吾力足以举百钧，而不足以举一羽；明足以察秋毫之末，而不见舆薪[13]。'则王许之乎？"

曰："否。"

"今恩足以及禽兽，而功不至于百姓者，独何与？然则一羽之不举，为不用力焉；舆薪之不见，为不用明焉；百姓之不见保，为不用恩焉。故王之不王，不为也，非不能也。"

曰："不为者与不能者之形，何以异？"

曰："挟太山以超北海[14]，语人曰：'我不能'，是诚不能也。为长者折枝[15]，语人曰：'我不能'，是不为也，非不能也。故王之不王，非挟太山以超北海之类也；王之不王，是折枝之类也。

"老吾老，以及人之老[16]；幼吾幼，以及人之幼，天下可运于掌[17]。《诗》云：'刑于寡妻，至于兄弟，以御于家邦[18]。'言举斯心，加诸彼而已。故推恩足以保四海，不推恩无以保妻子。古之人所以大过人者无他焉，善推其所为而已矣。今恩足以及禽兽，而功不至于百姓者，独何与？

"权[19]，然后知轻重；度，然后知长短。物皆然，心为甚。王请度之。

"抑王兴甲兵，危士臣，构怨于诸侯，然后快于心与？"

王曰："否。吾何快于是？将以求吾所大欲也。"

曰："王之所大欲，可得闻与？"

王笑而不言。

曰："为肥甘不足于口与？轻暖不足于休与？抑[20]为采色[21]不足视于目与？声音不足听于耳与？便嬖[22]不足使令于前与？王之诸臣皆足以供之，而王岂为是哉？"

曰："否。吾不为是也。"

曰："然则王之所大欲，可知已。欲辟土地，朝秦楚，莅中国[23]而抚四夷也。以若所为，求若所欲，犹缘木而求鱼也。"

王曰："若是其甚与？"

曰："殆[24]有甚焉。缘木求鱼，虽不得鱼，无后灾。以若所为，求若所欲，尽心力而为之，后必有灾。"

曰："可得闻与？"

曰："邹人与楚人战[25]，则王以为孰胜？"

曰："楚人胜。"

曰："然则小固不可以敌大，寡固不可以敌众，弱固不可以敌强。海内之地，方千里者九，齐集有其一。以一服八，何以异于邹敌楚哉？盖[26]亦反其本矣。

"今王发政施仁，使天下仕者皆欲立于王之朝，耕者皆欲耕于王之野，商贾皆欲藏于王之市，行旅皆欲出于王之涂[27]，天下之欲疾其君者皆欲赴愬于王[28]。其若是，孰能御之？"

王曰："吾惛[29]，不能进于是矣。愿夫子辅吾志，明以教我。我虽不敏，请尝试之。"

曰："无恒产而有恒心者，惟士为能。若民，则无恒产，因无恒心。苟无恒心，放辟邪侈，无不为已。及陷于罪，然后从而刑之，是罔民也。焉有仁人在位，罔民[30]而可为也？是故明君制[31]民之产，必使仰足以事父母，俯足以畜妻子，乐岁终身饱，凶年免于死亡。然后驱而之善，故民之从之也轻[32]。

"今也制民之产，仰不足以事父母，俯不足以畜妻子，乐岁终身苦，凶年不免于死亡。此惟救死而恐不赡[33]，奚[34]暇治礼义哉？

"王欲行之，则盍[35]反其本矣。五亩之宅，树

之以桑，五十者可以衣帛矣。鸡豚狗彘之畜，无失其时，七十者可以食肉矣。百亩之田，勿夺其时，八口之家可以无饥矣。谨庠序之教，申之以孝悌之义，颁白者不负戴于道路矣。老者衣帛食肉，黎民不饥不寒，然而不王者，未之有也。"

【注释】

〔1〕齐宣王：名辟疆。

〔2〕齐桓、晋文：齐桓公，名小白。晋文公，名重耳。春秋时期，首先称霸的是齐桓公，其次有晋文公。

〔3〕无以：以，同"已"。无以，不得已。

〔4〕觳(hú)：胡，人名。

〔5〕衅(xìn)钟：衅，祭名，血祭。衅钟，用牲畜的血来祭大钟的落成，这种仪式叫衅钟。

〔6〕觳觫(hú sù)：因恐惧而发抖。

〔7〕褊(piān)小：褊，通"偏"。褊小，狭小。

〔8〕无异：异，怪、奇怪、怀疑。无，不要。

〔9〕隐：可怜、哀痛。

〔10〕说(yuè)：同"悦"，高兴、喜欢。

〔11〕忖度(cǔn duó)：揣想，猜测。

〔12〕戚戚：忧愁、悲伤的样子。

〔13〕舆薪：车薪，一车柴火。

〔14〕挟太山以超北海：挟，挟持。太山，即泰山。北海，即渤海。

〔15〕折枝：折断树枝。

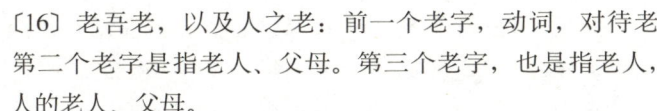

〔16〕老吾老，以及人之老：前一个老字，动词，对待老人的老人、父母。第二个老字是指老人、父母。第三个老字，也是指老人、父母。

〔17〕天下可运于掌：运于掌，以手掌内运转、转动。意思是主宰天下。

〔18〕家邦：家和国。

〔19〕权：秤砣。秤砣位置变化，就引起轻重改变，所以权引申为重大，如：权、权力；引申为变化，如：权变、权术。

〔20〕抑：选择连词，还是。如：这样，还是那样？

〔21〕采色：即鲜艳的颜色。

〔22〕便嬖(pián bì)：宠幸的人。

〔23〕莅(lì)：临，如。

〔24〕殆(dài)：可能、大概、或者。

〔25〕邹人与楚人：邹和楚，都是国名。

〔26〕盖：通"盍"，何不。

〔27〕涂：同"途"，道路。

〔28〕赴于王：通"诉"，告诉、诉说。

〔29〕惽：同"昏"。

〔30〕罔民：罔，同"网"。罔民，用网捉百姓，引申为陷害百姓。

〔31〕制：规定、定立制度。

〔32〕轻：轻易、容易。

〔33〕赡(shàn)：足、充足、丰富。

〔34〕奚：何、哪有。

〔35〕盍(hé)：何不。

【译文】

齐宣王问孟子说："您能给我讲讲齐桓公、晋文公在春秋时代是怎样称霸的吗？"

孟子回答说："孔子的学生们没记录下齐桓公、晋文公的事迹，所以齐、晋二公的事迹没有传到后世来，我也不曾听过。王如果一定要我说，就讲讲用道德的力量来统一天下的'王道'吧！"

齐宣王问道："要有怎样的道德才能够统一天下呢？"

孟子说："一切为百姓着想，为百姓安居乐业而努力，这样去统一天下，是没有人能够阻挡的。"

齐宣王说："像我这样的人，能让百姓安居乐业吗？"

孟子说："能。"

齐宣王说："您从哪看出我能呢？"

孟子说："胡龁曾告诉我一件事：王坐在大殿之上，有人牵着牛从殿前走过。王看见了就问道：'牵着牛往哪儿去？'那牵牛人回答：'准备宰了祭钟。'王就说：'放了它吧！看它哆嗦的，太可怜了，牛本身没什么错，却被送进屠宰场，我实在不忍哪！'那人就说：'那么，难道就废除祭钟这一仪式吗？'王又说：'怎么可以废除呢？用羊来代替吧！'——不知道这事是否属实？"

齐宣王说："有的。"

孟子说："您有同情心就可以统一天下了。百姓都以为王是吝啬，我早就知道王是同情牛啊！"

齐宣王说："对呀，竟然有这样的百姓。齐国虽然不大，我也不至于连一头牛都舍不得呀？我就是不忍看它吓得浑身发抖的可怜样儿，毫无罪过而被送进屠宰场，才用羊代它送死。"

孟子说："百姓说您吝啬，您也不必奇怪。用小的代替大的，他们哪能理解您的良苦用心呢？如果说可怜它毫无罪过却被送进屠宰场，那么宰牛和宰羊又有什么区别呢？"

齐宣王笑着说："其实我也搞不懂自己是怎么想的。我的确不是吝啬钱财才用羊代替牛的。您这么一说，百姓说我吝啬真是理所当然的了。"

孟子说："百姓误解您没什么关系。您这种不忍之心正说明您仁爱。关键是：您亲眼看见了那头牛，却没有看见那只羊。君子对于飞禽走兽，看见它们活着，就不忍心再看到它们死去，听到它们悲鸣哀号，就不忍心再吃它们的肉。君子把厨房设在远离自己的地方，就是这个道理。"

齐宣王高兴地说："有两句诗歌：'别人想什么，我能揣摩到。'您就是这样的。我虽然这样做了，却又说不出个所以然来。您老人家这么一说，我的心就明白自己为什么那么做了。但我这种心情和王道相合，又是什么道理呢？"

孟子说："如果有一个人对您说：'我能举起3000斤的重量，却拿不起一根羽毛；我能看清候鸟的细毛，一车子柴火摆在眼前我却看不见。'您能相信这种话吗？"

齐宣王说："不能。"

孟子随即说："如今您的恩惠足以使动物沾光，却不能使百姓得到好处，为什么呢？这样看来，拿不起一根羽毛，只是不肯用力气的缘故；看不见一车子柴火，只是不肯用眼睛的缘故；百姓得不到安定的生活，是因为您不肯施恩于民。所以您不行仁政统一天下，只是不肯干，不是不能干。"

齐宣王说："不肯干和不能干有什么不同呢？"

孟子说："把泰山夹在胳臂底下跳过北海，告诉人说：'这个我办不到。'这是真的不能做。替老年人折取一段树枝只是举手之劳，却对别人说：'这个我办不到。'这是不肯干，不是不能干。您不行仁政不属于把泰山夹在胳臂底下跳过北海一类，而是属于替老年人折取树枝一类的。

"尊敬自己的长辈，从而推广到尊敬别人的长辈；爱护自己的儿女，从而推广到爱护别人的儿女。如果以此作为您治政的原则，那您想统一天下简直太容易了。《诗经》上说：'先给妻子做榜样，再推广到兄弟，再进而推广到封邑和国家。'这就是说把这样的恩惠推广到其他方面就行了。所以由近及远地把恩惠推广开去，就足以安定天下；不这样做，甚至连自己的妻子都保护不了。古代圣贤之所以比普通人强百倍，没有别的决窍，只是他们善于推行他们好的行为罢了。如今您的恩惠足以使动物沾光，百姓却得不到好处，这是为什么呢？

"称一称，才知道轻重；量一量，才知道长短。万物皆同一理，人心更是这样。王，您考虑一下吧！难道说，动员全国军队，使将士冒着生命危险，去和别的国家结仇构怨，这样做您心里才痛快吗？"齐宣王说："不，我为什么定要这么做才痛快呢？我之所以这样做，不过是想得到我最想要的东西啊！"孟子说："王最想得到的是什么呢？可以讲给我听听吗？"

齐宣王笑了笑，却不说话。

孟子就说："是为了肥美的食物不够吃吗？是为了轻暖的衣服不够穿吗？是为了艳丽的色彩不够看吗？是为了美好的音乐不够听吗？还是为了侍候您的人不够多吗？这些，以您现在的实力，完全可以实现，难道您真是为了这些吗？"

齐宣王说："不，我不是为了这些。"

孟子说："那么，您最想得到什么就可想而知了。您是想要扩张国土，使秦、楚大国都来朝贡，自己做天下的盟主，同时安抚周围的落后的民族。不过，以您这样的做法想满足您这样的欲望，好比爬到树上去捉鱼，简直是天方夜谭。"

齐宣王说："有这么严重吗？"

孟子说："恐怕比这更严重呢！爬上树去捉鱼，虽然捉不到，却没有祸害。以您这样的做法想满足您这样的欲望，处心积虑，劳民伤财，不但达不到目的，反而会引祸上身。"

齐宣王说："这是什么道理呢？可以讲给我听吗？"

孟子说："假设邹国和楚国打仗，您以为哪一国会打胜呢？"

齐宣王说："楚国会胜。"

孟子说："从这里就可以看出：小国不可以跟大国为敌，人口稀少的国家不可以跟人口众多的国家为敌，弱国不可以跟强国为敌。现在中国土地总面积为900万平方里，齐国的领土不过100万平方里。以九分之一的力量跟其余的九分之八为敌，这和邹国跟楚国为敌有什么分别呢？这条路行不通，那么为什么不试着换条路从根本上解决这一问题呢？

"现在王如果能改革政治，施行仁德，就会使天下的士大夫都想到齐国来做官，庄稼汉都想到齐国来种地，行商坐商都想到齐国来做生意，来往的旅客也都想取道齐国，各国痛恨本国君主的人们也都想到您这里来控诉。如果真能达成这种局面，又有谁能抵挡得住您呢？"

齐宣王说："我脑子不好使，对您讲的理想不能再有进一层的体会，希望您辅佐我达到目的，明明白白地教导我。我虽然无能，但可以按您说的试一试。"

孟子说："没有固定产业收入却有固定的道德观念和行为准则的，只有士人才能够做到。至于一般人，如果没有固定的产业收入，就也没有固定的道德观念和行为准则。这样，就会胡作非为，违法乱纪，什么事都干得出来。等他们犯了罪，再去惩罚他们，这等于陷害。哪有仁爱的人身为父母官却做出陷害百姓的事呢？所以英明的君主规定人们的产业，一定要使他们上足以赡养父母，下足以抚养妻子儿女；好年成，丰衣足食；坏年成，也不致饿死。然后再去诱导百姓走正路，百姓就甘心听从他的命令了。

"现在呢，规定人们的产业，上不足以赡养父母，下不足以抚养妻儿；好年成，尚且度日艰难；年成不好，只有死路一条。这样，大家想活命还怕来不及，哪有闲工夫学习礼仪呢？

"如果您要施仁政，为什么不从根本入手呢？每家给他5亩土地的住宅，让他们在四周种植桑树，那么，50岁以上的人都可以有丝绵袄穿了。鸡、狗和猪这类家畜，都有力量和时间去饲养、繁殖，那么，70岁以上的人就都有肉可吃了。一家给他100亩田地，并且不去妨碍他的生产，就能解决八口之家的温饱问题。办好各级学校，反复地用孝顺父母、敬爱兄长的大道理来开导他们，那么，须发花白的人，就不致头顶着、背负着物件在路上行走了。老年人个个穿锦吃肉，百姓不用忍冻受饿，这样天下没人不来归服您。"

【赏析】

本章孟子依然宣扬他的"王道"思想。他劝诫齐宣王要以德服人，以德治国，用道德的力量使天下统一。具体说来就是，为政者要施行仁德，改革政治，善于推行他们好的行为；顺应民心，使民有固定的产业收入，能够安居乐业；

尊贤使能，使其各尽其道等。共同来建立君仁臣义、君民同乐符合"王道"的理想社会。

梁惠王下

【原文】

庄暴[1]见孟子，曰："暴见于王，王语暴以好乐[2]，暴未有以对也。"曰："好乐何如？"

孟子曰："王之好乐甚，则齐国其庶几乎[3]。"

他日，见于王曰："王尝语庄子以好乐，有诸？"

王变乎色，曰："寡人非能好先王之乐也，直好世俗之乐耳[4]。"

曰："王之好乐甚，则齐国其庶几乎！ 今之乐由古之乐也。"

曰："可得闻与？"

曰："独乐乐，与人乐乐，孰乐？"

曰："不若与人。"

曰："与少乐乐，与众乐乐，孰乐？"

曰："不若与众。"

"臣请为王言乐。今王鼓乐于此，百姓闻王钟鼓之声，管籥[5]之音，举疾首蹙頞[6]而相告曰：'吾王之好鼓乐，夫何使我至于此极也？ 父子不相见，兄弟妻子离散。'今王田猎于此，百姓闻王车马之音，见羽旄之美[7]，举疾首蹙頞而相告曰：'吾王之好田猎，夫何使我至于此极也？ 父子不相见，兄弟妻子离散。'此无他，不与民同乐也。

"今王鼓乐于此，百姓闻王钟鼓之声，管籥之音，举欣欣然有喜色而相告曰：'吾王庶几无疾病与，何以能鼓乐也？'今王田猎于此，百姓闻王车马之音，见羽旄之美，举欣欣然有喜色而相告曰：'吾王庶几无疾病与，何以能田猎也？'此无他，与民同乐也。今王与百姓同乐，则王矣。"

【译文】

齐国的大臣庄暴来见孟子，说："我去朝见君王，君王告诉我，他爱好音乐，我一时想不出该怎样回答他。"庄暴又问孟子："齐王喜欢音乐，到底好不好呢？"

孟子说："君王如果非常爱好音乐，那么齐国就会被治理得很不错。"

过了些时候，孟子谒见齐宣王，问道："您曾告诉庄暴，说您爱好音乐，有这回事吗？"

齐王很不好意思地说："我并不爱好古代的音乐，只爱好一般流行的乐曲罢了。"

孟子说："只要您非常爱好音乐，那么齐国就会被治理得很不错了。无论现在流行的音乐，还是古代的音乐都是一样的。"

齐宣王说："您能给我讲讲其中的道理吗？"

孟子说："独自一个人欣赏音乐很快乐，和别人一起欣赏音乐也很快乐，究竟哪一种更快乐呢？"

齐宣王说："当然是跟别人一起欣赏更快乐些。"

孟子说："和少数人欣赏音乐固然快乐，和多数人欣赏音乐也很快乐，究竟哪一种更快乐些呢？"

齐宣王说："当然是和多数人一起欣赏更快乐。"

孟子马上接着说："那么，就让我给您讲讲如何才能和大多数人一起分享音乐带给人的快乐吧！如果您在这儿奏乐，百姓听到鸣钟击鼓的声音，又听到吹奏笛箫的声音，却都痛心疾首，愁眉苦脸地互相议论：'我们的君

虢钟　西周中期，通高35.9厘米，铣距18.8厘米，重8千克。共传世4件，其中之一藏于北京故宫博物院。

王这么爱好音乐，为什么让我们妻离子散，父兄天各一方呢？'如果您在这儿打猎，百姓听到车马的声音，看到华丽的仪仗，却都痛心疾首，愁眉苦脸地议论：'我们的君王这么爱好打猎，却为什么让我们妻离子散，父兄天各一方呢？'为什么百姓会这样呢？没有别的原因，就是因为您只图自己快乐而不能和百姓同乐。

"如果您在这儿奏乐，百姓听到鸣钟击鼓的声音，又听到吹箫奏笛的声音，全都眉开眼笑地互相转告说：'我们的君王大概很健康吧，不然，怎么能奏乐呢？'如果您在这儿打猎，百姓听到车马的声音，看到华丽的仪仗，全都眉开眼笑地互相转告说：'我们的君王大概很健康吧，不然，怎么能够打猎呢？'为什么百姓会这样，没有别的原因，就是因为您能与民同乐罢了。如果您能与民同乐，就可以使天下臣服。"

【赏析】

本章继续讲述孟子的"与民同乐"思想。孟子对齐宣王喜欢世俗音乐并不否定，他认为不论古乐还是今乐，为政者只要能做到与民同乐，国家就有希望。他采用逐步引导的办法，向宣王提出两个问题："独乐乐，与人乐乐，孰乐？""与少乐乐，与众乐乐，孰乐？"对于这两个问题宣王都做了肯定的回答。孟子是借此来开导齐宣王的善心，劝他心里装着百姓。

【原文】

　　　　齐宣王问曰："文王之囿[1]方七十里，有诸[2]？"孟子对曰："于传有之。"曰："若是其大乎？"曰："民犹以为小也。"曰："寡人之囿方四十里，民犹以为大，何也？"曰："文王之囿方七十里，刍荛者[3]往焉，雉兔者往焉，与民同之。民以为小，不亦宜乎？臣始至于境，问国之大禁，然后敢入。臣闻郊关之内有囿方四十里，杀其麋鹿者如杀人之罪，则是方四十里为阱于国中。民以为大，不亦宜乎？"

【注释】

〔1〕囿（yòu）：养动物的园林，有墙的叫苑，没墙的叫囿。
〔2〕有诸：诸，之乎的合音。意思是有这事吗？
〔3〕刍荛者：割草打柴的人。

【译文】

　　齐宣王问孟子道："听说周文王有一个纵横70里的狩猎场，真有这回事吗？"孟子答道："史籍上有这样的记载。"宣王说："真有这么大吗？"孟子说："老百姓还觉得小呢。"宣王说："我的狩猎场纵横不过40里，老百姓为什么还认为太大了呢？"孟子说："周文王的狩猎园林纵横70里，割草打柴的去，打鸟捕兽的也去，可见周文王的狩猎场是与民共用。老百姓认为太小，不是很自然吗？我刚到齐国边界的时候，问明了齐

周文王

国有哪些重要的禁令后才敢入境。我听说在齐国首都的近郊内有一个纵横40里的狩猎园林，谁杀了里面的麋鹿，与杀人同罪。那么，这纵横40里的场地，对百姓来说，是在国内布置了一个陷阱。他们认为太大了，不也是情理之中的事吗？"

【赏析】

　　本章孟子与齐宣王谈话的内容，与孟子给梁惠王在沼池上谈灵台之乐的意义一样，都是劝国君在大兴土木、园林建设时要惜民力，与民同乐。齐宣王不理解文王的园囿那么大，百姓还嫌小；而自己的仅文王的三分之一，为什么百姓还嫌大？在此地他不但不反省，似乎还在埋怨？孟子一语点破原因，因为文王的园囿百姓可以随意出入其中，可以和文王共享，所以百姓还嫌小。而齐宣王的做法和文王却恰恰相反，百姓当然就嫌其园林大了，再次强调"与民同乐"的思想。

【原文】

　　齐宣王问曰："交邻国有道乎？"

　　孟子对曰："有。惟仁者为能以大事小，是故汤事葛[1]，文王事昆夷[2]。惟智者为能以小事大，故太王事獯鬻[3]，勾践事吴[4]。以大事小者，乐天者也；以小事大者，畏天者也。乐天者保天下，畏天者保其国。《诗》云：'畏天之威，于时保之。'"

　　王曰："大哉言矣！寡人有疾，寡人好勇。"对曰："王请无好小勇。夫抚剑疾视曰，'彼恶敢当我哉！'此匹夫之勇，敌一人者也。王请大之！《诗》云：'王

赫斯[5]怒，爱[6]整其旅，以遏徂莒，以笃周祜[7]，以对于天下。'此文王之勇也。文王一怒而安天下之民。《书》曰：'天降下民，作之君，作之师，惟曰其助上帝宠之。四方有罪无罪惟我在，天下曷[8]敢有越厥[9]志？'一人衡行[10]于天下，武王耻之。此武王之勇也。而武王亦一怒而安天下之民。今王亦一怒而安天下之民，民惟恐王之不好勇也。"

【注释】

〔1〕葛：古国名，嬴姓，在今河南宁陵县北。

〔2〕昆夷：周初西戎国名。

〔3〕獯鬻（xūn yù）：即猃狁（xiǎn yǔn），古代北方少数民族。

〔4〕勾践事吴：越王勾践被吴王夫差打败，臣服吴国。

〔5〕赫斯：赫然，发怒的神情。

〔6〕爰：语首词气词，无义。

〔7〕以笃周祜：笃，实、厚。祜，福。意思是增加周王室的福祜。

〔8〕曷：怎么、那。

〔9〕厥：其，它、它的。

〔10〕衡行：横行。古书上常常把横写作衡。

【译文】

齐宣王问道："和邻国打交道有什么要注意的吗？"

孟子回答说："有的。只有仁爱的人才能够以大国的身份去服事小国，所以商汤服事过葛伯，文王服事过昆夷。只有聪明的人才能够以小国的身份服事大国，所以太王服事过獯鬻，勾践服事过夫差。以大国身份服事小国的，是不求所取而能怡然自得的人；以小国身份服事大国，是谨慎又时刻保持警惕的人。不求所取而能怡然自得的人，足以安定天下。谨慎又时刻保持警惕的人，足以保护住自己的国家。这正如《诗经》上说的：'害怕上帝有威灵，所以能得到安定。'"

齐宣王说："您说得太好了！不过，我有个毛病，就是好逞强斗胜，恐怕难以服事别国。"孟子回答说："那么，君您就不要喜欢小勇。有一种人，只是手按着刀剑瞪着眼说：'他怎

周武王

孟子

〇二二

么敢抵挡我呢？’这只是个人的勇敢，只能敌得住一个人。希望君王您能变小勇为大勇。《诗经》上说：‘我的君王勃然大怒，整顿军队，遏阻密人来进犯，以此增强周国的威望，报答各国对周的仰慕之情。’这就是文王的勇敢。文王一生气就使天下的百姓得到安定。《尚书》上说：‘天降生芸芸众生之时，也为他们降生了君王，也为他们降生了师傅。这些君王和师傅的惟一职责，就是协助上天来爱护人民。因此，天地虽大，有罪者和无罪者，都由我负责。普天之下，谁敢胡作非为？’当时纣王在世间横行霸道，武王就认为这是奇耻大辱。这就是武王的勇敢。武王一旦勃然大怒就使天下的百姓得到安定。如今君王若是也发起怒来使天下百姓都得到安定，那么，天下的百姓还只怕君王不喜欢争智斗勇呢！”

【赏析】

　　孟子在本章中阐述了他所提倡的结交邻国的原则。文中齐宣王向孟子请教与邻国相处之道，孟子举例说明与邻国结交无非两种原则，即“以大事小”和“以小事大”。但齐宣王却对孟子的办法并不满意，而且还以自身“勇武不屈”为由反驳了孟子。所以孟子又以周文王、周武王的事迹来鼓励齐宣王，说匹夫之勇算不得什么，只有使天下百姓得到安定才是大勇。这番话从侧面表现出了孟子解救民苦，安定天下的宏大志向。

【原文】

　　　　齐宣王见孟子于雪宫。王曰：“贤者亦有此乐乎？”

　　孟子对曰：“有。人不得，则非其上矣。不得而非其上者，非也；为民上而不与民同乐者，亦非也。乐民之乐者，民亦乐其乐；忧民之忧者，民亦忧其忧。乐以天下，忧以天下，然而不王者，未之有也。

　　“昔者齐景公问于晏子曰[1]：‘吾欲观于转附朝儛[2]，遵海而南，放于琅邪[3]，吾何修而可以比于先王观也。’晏子对曰：‘善哉问也！天子适诸侯曰巡狩。巡狩者，巡所守也。诸侯朝于天子曰述职。述职者，述所职也。无非事者。春省耕而补不足，秋省敛而助不给。夏谚曰：吾王不游，吾何以休？吾王不豫[4]，吾何以助？一游一豫，为诸侯度。今也不然：

师行而粮食，饥者弗食，劳者弗息。睊睊胥谗^[5]，民乃作慝^[6]。方命^[7]虐民，饮食若流。流连荒亡，为诸侯忧。从流下而忘反谓之流，从流上而忘反谓之连，从兽无厌谓之荒，乐酒无厌谓之亡。先王无流连之乐，荒亡之行。惟君所行也。'

"景公悦，大戒^[8]于国，出舍于郊。于是始兴发，补不足。召大师曰：'为我作君臣相说之乐！'盖《徵招》《角招》是也^[9]。其诗曰：'畜君何尤^[10]？'畜君者，好君也。"

【注释】

〔1〕晏子：齐国贤臣，名婴。

〔2〕观于转附朝儛：观，游、游览。转附，即今山东芝罘（fú）岛。朝，即今山东荣城东的召石山。

〔3〕琅邪：山名，今山东诸城东南。

〔4〕豫：同"游"。

〔5〕睊睊（juàn）胥谗：，愤恨侧目而视的样子。胥，皆、都。谗，毁谤。

〔6〕慝（tè）：恶。

〔7〕方命：方，违反。命，上天的意旨。

〔8〕大戒：戒，准备、戒备。大戒，充分准备。

〔9〕《徵（zhǐ）招》《角招》：古代五音为：宫、商、角、徵、羽。招，同"韶"。

〔10〕尤：罪、过错。

【译文】

齐宣王在他的别墅——雪宫里接见孟子。齐宣王问："有道德的贤人也会以此为乐吗？"

孟子回答说："会。可是如果他们得不到这种快乐，他们就会埋怨君王了。得不到这种快乐就埋怨君王，是不对的。可是作为一国之主只图自己快活却不能与民同乐，也是不对的。以百姓的快乐为自己的快乐，百姓也会以君王的快乐为自己的快乐；为百姓分忧，百姓也会为您分忧。和天下的人同忧同乐，这样还不能使天下归服于他，是从来没有过的事。

"过去齐景公问晏子说：'我想去转附和朝二山转转，然后沿着海岸南行，一直到琅邪。我应该怎样办才能比得上古时圣明的君主巡游四方呢？'晏子回答说：'问得好啊！天子到诸侯国去叫作巡狩。巡狩就是巡视各国诸侯所守的疆土。诸侯去朝见天子叫作述职。述职就是向天子汇报他的工作状况。他们出行都是为了工作。春天里巡视耕种的情况，对贫困农户给予补助；秋天里考察收获情况，对缺粮农户给予补助。夏朝的谚语说：'我王不出来游，我的休息向谁求？我王不出来走，我的补助哪会有？我的王游游走走，足以成为诸侯效法的对象。'现在就不是这样了，国君一出巡，兴师动众，到处筹粮运米。饥饿的人得不到吃食，劳苦的人得不到休息。劳苦大众咬牙切齿，恨得牙根直痒痒，怨声载道，有的甚至铤而走险，聚众滋事。这样出巡违背天意，虐待百姓，大吃大喝，铺张浪费，流连忘返，荒亡无行，诸侯都以此为患。怎样叫作流连荒亡呢？由上游向下游的游玩，乐而忘归，叫作流；由下游向上游的游玩，乐而忘归，叫作连；不知疲惫地打猎叫作荒；不知节制地喝酒叫作亡。过去的圣贤之君没有这种流连荒亡的行为。您想怎么做，自己决定吧！'

"齐景公听了，大为高兴。先在都城内做好准备，然后驻扎郊外，拿出钱粮，救济贫困的人。景公又把乐官长叫来，对他说：'给我作一首与民同乐的歌曲吧！'这首乐曲就是《徵招》《角招》，歌词说：'违背国君的心意有什么不对呢'，他这样做也是对国君的一种爱啊？"

【赏析】

本章孟子再次规劝齐宣王要与民同乐同忧，不要只顾自己一个人享乐，因为有大志的国君应该"乐以天下，忧以天下。"这次孟子采用了鉴古观今的手法，通过讲述宣王所敬仰的齐国大政治家晏婴劝齐景公的故事来劝服齐宣王，借晏子的口表达了自己的政治意见及主张。

【原文】

齐宣王问曰："人皆谓我毁明堂[1]，毁诸？已乎[2]？"

孟子对曰："夫明堂者，王者之堂也。王欲行王政，则勿毁之矣。"

王曰："王政可得闻与？"

对曰："昔者文王之治岐也，耕者九一，仕者世禄，关市讥而不征[3]，泽梁[4]无禁，罪人不孥。老而无妻曰鳏，老而无夫曰寡，老而无子曰独，幼而无父曰孤。此四者，天下之穷民而无告者。文王发政施仁，必先斯四者。《诗》云，'哿矣富人，哀此茕独[5]'。"

王曰："善哉言乎！"

曰："王如善之，则何为不行？"

王曰："寡人有疾，寡人好货。"

对曰："昔者公刘[6]好货，《诗》云：'乃积乃仓，乃裹餱粮[7]，于橐于囊[8]，思戢用光[9]。弓矢斯张，干戈戚扬[10]，爰方启行。'故居者有积仓，行者有裹囊也，然后可以爰方启行。王如好货，与百姓同之，于王何有？"

王曰："寡人有疾，寡人好色。"

对曰："昔者大王好色，爱厥妃。《诗》云：'古公亶父[11]，来朝走马，率西水浒[12]，至于岐下，爰及姜女[13]，聿来胥宇[14]。'当是时也，内无怨女，外无旷夫。王如好色，与百姓同之，于王何有？"

【注释】

〔1〕明堂：天子朝见诸侯的殿堂。齐国的明堂，是用来迎接天子巡狩的场所。

〔2〕毁诸已乎：已，止、停止。诸，之乎合音。译为：毁掉它呢？还是不毁掉？

〔3〕讥而不征：讥，苛察、严格检查。征，收税。意思是严格检查但不收税。

〔4〕泽梁：古代用在流水中拦鱼的工具。

〔5〕哿（kě）矣富人，哀此茕（qióng）独：哿，可以。茕，单独。

〔6〕公刘：稷的后代，周朝的始祖。

〔7〕餱（hóu）粮：干粮。

〔8〕橐（tuó）囊：橐和囊都是装东西袋子。

〔9〕思戢（jí）用光：思，语气词。戢，同"辑"，和、安。光，发扬光大。译为：人民安集，国威发扬。

〔10〕干戈戚扬：干，值牌。戈，带钩的矛。戚，窄斧。扬，大斧。

〔11〕古公亶（dǎn）父：即太王，文王祖父。大，同"太"。

〔12〕率西水浒：率，循、沿着。浒，水边。

〔13〕姜女：即太姜，太王的妃。

〔14〕聿来胥宇：聿，语首语气词。胥，视察。宇，屋宇。

【译文】

　　齐宣王问道:"别人都建议我把明堂拆了,您说我该把明堂拆了呢,还是该留着它呢?"

　　孟子回答说:"明堂是有道德而能统一天下的王者的殿堂。您如果要实行王政,就不要把它毁掉。"

　　齐宣王说:"您能告诉我该怎样去实行王政吗?"

　　孟子回答说:"从前周文王治理周,只收农民的九分之一的赋税;做官的人可以世代承袭俸禄;在关口和市场上,只稽查,不征税;任何人到湖泊捕鱼,不加禁止;只惩罚犯法的人,不牵连到他的妻子儿女。失掉妻室的老年人叫作鳏夫,失去丈夫的

晏　婴

老女人叫作寡妇,没有儿女的老人叫作孤独者,死了父亲的儿童叫作孤儿。这四种人是社会上穷苦无靠的人。周文王实行仁政,一定要首先考虑到他们。《诗经》上说:'有钱财的人很容易过上舒心的日子,可怜那些孤苦无助的人吧!'"

　　齐宣王说:"您说得太好了!"

　　孟子说:"您如果认为这话有道理,为什么不去实行呢?"

　　齐宣王说:"我有一个缺点,就是贪财,喜爱钱财,实行王政怕有困难吧!"

　　孟子说:"从前公刘也贪财。《诗经》上说:'粮食真多,外有囤,内有仓;还包裹着干粮,装在橐,装在囊。人民安康,国威发扬。箭上弦,弓开张,其他武器都上场,浩浩荡荡向前行。'因为留在家里的人有积谷,行军的人有干粮,这才能率领军队前进。您如果能使百姓也和您一样聚敛财富,又怎么会影响您实行王政来统一天下呢?"

　　齐宣王又说:"我有个毛病,喜爱女人,实行起王政来,怕有困难吧!"

　　孟子回答说:"从前太王也喜爱女人,非常疼爱他的妃子。《诗经》上说:'古公亶父清早就骑着马,沿着地西边的漆水河岸,跑到岐山下。还带着他的妻子姜氏,都来这里视察住处。'在那个时代,没有找不到丈夫的老处女,也没有找不到妻子的单身汉。您若是喜爱女人,也让百姓能享受夫妻之乐,又怎么会影响您实行王政来统一天下呢?"

【赏析】

　　本章记叙了齐宣王向孟子请教是否拆除明堂的事。孟子主张不拆,因为他想让齐宣王转变治国之道,施行王政。若施行王政,便可称王大下,明堂将来还是有用的。齐宣王见施行王政太难,自己干不了,就用自己"好货"、"好

色"的话来为难孟子。但孟子并未放弃，先承认"好货"、"好色"本身并没有什么不好，再劝宣王只要能向先人公刘、太王学习，把自己的"好货"、"好色"推广一下，使百姓也能生活富足、生活美满。那样的话，施行王政就没有什么困难。

【原文】

　　孟子谓齐宣王曰："王之臣有托其妻子于其友而之楚游者，比其反也，则冻馁其妻子，则如之何？"王曰："弃之。"

　　曰："士师不能治士[1]，则如之何？"

　　王曰："已之[2]。"

　　曰："四境之内不治，则如之何？"

　　王顾左右而言他。

【注释】

〔1〕士师不能治士：士师，司法官。士，乡士。

〔2〕已之：已，止、停止。这里引申为撤职。已之，撤掉他。

【译文】

　　孟子对齐宣王说："您有一个臣子把妻室儿女，托付给朋友照顾，自己游历楚国去了。等他回来的时候，他的妻室儿女却在挨饿受冻。他该如何对待这位友人呢？"齐宣王说："和他绝交。"

　　孟子说："如果管刑罚的长官不能对其下属严加管教，那又该怎么办呢？"

　　齐宣王说："撤他的职。"

　　孟子说："治理不好国家该怎么办呢？"

　　齐宣王左顾右盼，故意岔开话题。

【赏析】

　　本章孟子先问请朋友照顾妻子儿女，而妻子儿女挨饿受冻怎么办；又问刑狱长官管不好下级怎么办；最后才问国家治理不好怎么办等三个问题。设下圈套，逐步引导，最终使齐宣王手足无措，哑口无言，承认了齐国治理不好的责任在己。

【原文】

孟子见齐宣王，曰："所谓故国者，非谓有乔木之谓也，有世臣之谓也。王无亲臣矣，昔者所进，今日不知其亡[1]也。"

王曰："吾何以识其不才而舍之？"

曰："国君进贤，如不得已，将使卑逾尊，疏逾戚，可不慎与？左右皆曰贤，未可也；诸大夫皆曰贤，未可也；国人皆曰贤，然后察之；见贤焉，然后用之。左右皆曰不可，勿听；诸大夫皆曰不可，勿听；国人皆曰不可，然后察之；见不可焉，然后去之。左右皆曰可杀，勿听；诸大夫皆曰可杀，勿听；国人皆曰可杀，然后察之，见可杀焉，然后杀之。故曰，国人杀之也。如此，然后可以为民父母。"

【注释】

〔1〕亡：去位、免职。

【译文】

孟子谒见齐宣王，对齐宣王说："我们平日所说的'故国'，并不是说那个国家有高大的树木，而是说那个国家有世代累功的老臣。您现在没有亲信的臣子了。过去所选用的人如今不知为什么都不见了。"

齐宣王问："怎样去识别那些没有真才实学并且不可信用的人呢？"

孟子说："国君选拔贤人，如果迫不得已要用新进，就要把卑贱者提拔在尊贵者之上，把疏远的人提拔在亲近者之上，对这种事能不慎重吗？因此，你身边的人都说某人好，不可轻信；众位大夫都说某人好，也不可轻信；全国的人都说某人好，要认真访察；发现他真有才干，再任用他。你身边的人都说某人不好，不要轻信；众位大夫都说某人不好，也不要轻信；全国的人都说某人不好，要认真访察；发现他真的不好，再罢免他。你身边的人都说某人可杀，不要轻信；众位大夫都说某

可杀，也不要轻信。全国的人都说某人可杀，要认真访察；发现他该杀，再杀他。这时就可以说，此人是全国人民都想诛杀的对象。这样，才可以做百姓的父母官。"

【赏析】

本章孟子和齐宣王谈到了用人的问题。用人是否得当，直接关系到国家的治乱兴衰，齐宣王的软肋就是不善用人。孟子向宣王提出，不能凭左右的意见用人，要倾听百姓的意见，选拔贤才并委以重托。在罢免人、杀人时也应倾听百姓意见，做民之父母。

【原文】

齐宣王问曰："汤放桀，武王伐纣[1]，有诸？"

孟子对曰："于传[2] 有之。"

曰："臣弑其君，可乎？"

曰："贼仁者谓之'贼'，贼义者谓之'残'。残贼之人谓之'一夫'。闻诛一夫纣矣，未闻弑君也。"

【注释】

〔1〕武王伐纣：武王，周武王。伐，讨伐。纣王，殷纣王，荒淫无道、残暴的商殷天子。

〔2〕于传（zhuàn）：传，传记。于传，在传记上。

【译文】

齐宣王问："商汤流放夏桀，武王讨伐殷纣，真有这回事吗？"

孟子回答说："史籍上有这样的记载。"

齐宣王说："做臣子的可以杀掉他的君王吗？"

孟子说："破坏仁爱的人叫作'贼'。破坏道义的人叫作'残'。这类人，我们都叫作'独夫'。我只听说过周武王诛杀了独夫殷纣，从没听说过他以臣杀君。"

【赏析】

本章孟子和齐宣王谈的是汤放桀、武王伐纣的历史。齐宣王想知道孟子对国君的地位究竟怎么看待，就提出这两件臣叛君、改朝换代的事。孟子的回答并没有

商 汤

动摇"君君臣臣"的根本立场，但"臣不可不臣"也只是相对的，当残贼之人不得人心，众叛亲离时，是人人可得而诛之的。体现了孟子"民贵君轻"的民本思想。

【原文】

　　齐人伐燕，胜之。宣王问曰："或谓寡人勿取，或谓寡人取之。以万乘之国伐万乘之国，五旬而举之，人力不至于此。不取，必有天殃[1]。取之，何如？"

　　孟子对曰："取之而燕民悦，则取之。古之人有行之者，武王是也。取之而燕民不悦，则勿取，古之人有行之者，文王是也。以万乘之国伐万乘之国，箪食壶浆[2]以迎王师，岂有他哉？避水火也。如水益深，如火益热，亦运[3]而已矣。"

【注释】

　〔1〕殃：灾祸。

　〔2〕箪（dān）食（shì）壶浆：箪，古代用来盛饭的竹筐。食，饭。浆，古代的酒。意思是用筐装满饭用壶盛满酒。

　〔3〕亦运：亦，只、就。运，转。意思是只转过来望救星了。

【译文】

　　齐国攻打燕国，大获全胜。齐宣王问："有些人劝我不要吞并燕国，也有些人劝我吞并它。我想，作为一个拥有万辆兵车的大国，去攻打与它实力相当的大国，只用了50天就打下来了，这是老天要帮我们啊！如果我们不把它吞并，上天会认为我们违反了他的意旨，因而降下灾害来。吞并它怎么样？"

　　孟子回答说："如果燕国的百姓乐于让您接管它，就吞并它。古人周武王就是这样做过的。如果燕国的百姓不愿意您统治燕国，那就不要吞并它。古人有这样做过的，周文王就是。以齐国这样拥有万辆兵车的大国。来攻打燕国这样拥有万辆兵车的大国，燕国的百姓却用筐盛着干饭，用壶装着酒来欢迎您的军队，不是想让您吞并燕国，只不过是想逃离那水深火热的苦日子罢了。如果他们的灾难更加深了，燕王和齐王当政又有什么区别呢？"

【赏析】

　　本章齐宣王向孟子征求意见，问到底要不要顺天意而吞并燕国。孟子的意

见是"取不取"不决定于天，而决定于燕国的百姓。只有救人民于水火，顺从人民的意愿办事，才能得到燕民的拥护和爱戴。

【原文】

齐人伐燕，取之。诸侯将谋救燕。宣王曰："诸侯多谋伐寡人者，何以待之？"

孟子对曰："臣闻七十里为政于天下者，汤是也。未闻以千里畏人者也。《书》曰：'汤一征，自葛始。'天下信之，东面而征，西夷怨；南面而征，北狄怨，曰：'奚为后我？'民望之，若大旱之望云霓[1]也。归市者不止，耕者不变。诛其君而吊[2]其民，若时雨降。民大悦。《书》曰：'徯我后[3]，后来其苏。[4]'今燕虐其民，王往而征之，民以为将拯己于水火之中也，箪食壶浆以迎王师。若杀其父兄，系累[5]其子弟，毁其宗庙，迁其重器[6]，如之何其可也？天下固畏齐之强也，今又倍地而不行仁政，是动天下之兵也。王速出令，反其旄倪[7]，止其重器，谋于燕众，置君而后去之，则犹可及止也。"

【注释】

〔1〕云霓：霓，霓虹。云，乌云。
〔2〕吊：恤、抚恤。
〔3〕徯（xī）我后：徯，等待。后，王。我后，等待我们的王。
〔4〕后来其苏：苏，复活。意思是王来以后，我们也就复活了。
〔5〕系累：束缚、捆绑。
〔6〕重器：宝器。
〔7〕旄（mào）倪：旄，同"耄"，八九十岁的人叫耄。倪，就是儿。意思是老人和孩子。

【译文】

齐、燕两国战罢，齐国占领了燕国。别的国家在计划援救燕国。齐宣王就问孟子说："好几个国家都要来讨伐我，我该怎么办呢？"

孟子回答说："我听说商汤凭借方圆70里的国土来统一天下，却没听说过拥有方圆1000里的国土而害怕别国的。《尚书》说过：'商汤征伐，从葛国

开始。'天下人无不顺服。因此，向东面进军，西方
夷人的百姓就不高兴；向南方进军，北方狄人的百
姓就不高兴，都说：'为什么不先解救我们呢？'
人们盼望他，如同久旱时期待一场及时雨。
汤讨伐夏桀，一点也不惊扰百姓，百姓该做
生意的做生意，该种地的种地。只是诛杀那
些暴君来抚慰那些被残害的百姓。他的到来，恰
似一场及时雨，百姓非常高兴。《尚书》又说：'等
待我们的王，他到了，我们就有出头之日了！'如今
燕国的君主虐待百姓，您去征伐他，那里的百姓认为
您是把他们从水深火热中解救出来的。因此，都用筐盛着干饭，用壶装满酒
来欢迎您的军队。而您呢，却杀掉他们的父兄，掳掠他们的子弟，毁坏他们
的宗庙祠堂，搬走他们国家的宝器。这怎么行呢？天下各国本来就害怕齐
国强大，现在齐国的土地又扩大了一倍，而且暴虐无道；如此一来各国当然
要兴兵讨伐您。您赶快发出命令，放俘虏回赵，不再抢夺燕国的宝器，再
和燕国相关人士协商，择立一位燕王，然后自己从燕国撤军，这样做，要
使各国停止兴兵，还是来得及的。"

【赏析】

　　本章齐宣王还是向孟子请教如何处理齐国与燕国的事。齐宣王为了掠夺土
地和财物，攻占了燕国十座城市，招来了各国反对，齐宣王很害怕。孟子给他
指出了补救措施：即在燕国施行仁政，掠夺的财物、俘虏都送回去，慰问贫苦
的百姓，和燕国老百姓好好商量，再立一位国君，之后退兵。顺应了民意，就
不怕天下各国所有军队的攻击了。

【原文】

　　　　邹与鲁哄[1]。穆公问曰："吾有司死者三十三人，
而民莫之死也。诛之，则不可胜诛；不诛，则疾视其
长上之死而不救，如之何则可也？"
　　　　孟子对曰："凶年饥岁，君之民老弱转乎沟壑，壮
者散而之四方者，几[2]千人矣；而君之仓廪实，府
库充，有司莫以告，是上慢而残下也。曾子曰：'戒
之戒之！出乎尔者，反乎尔者也。'夫民今而后得反
之也。君无尤焉！君行仁政，斯民亲其上，死其长矣。"

〔1〕哄（hòng）：交战、开战。

〔2〕几（jī）：几乎、将近。

【译文】

　　邹、鲁两国开战。邹穆公问孟子说："打这场仗，我损失了33名将领，可没有哪个百姓肯誓死为这33个人效力的。杀了这些百姓吧，又杀不了那么多；不杀吧，他们眼睁睁看着长官被杀，却不去援救，实在可恨。您说，我该怎么办？"

　　孟子回答说："闹灾荒的年月，您的百姓，年老体弱的就被扔在荒山野岭，年轻力壮的就四处逃荒，加起来大概有1000人；而在您的仓库里却堆满了粮食，库房里装满了财宝，您的有关官吏对此只字未提。这就是在上位的人不关心百姓，并且还残害他们。曾子曾经说过：'提高警惕，提高警惕！你怎样去对待别人，别人将怎样回报你。'现在，是您的百姓在复仇啊。您不要去责罚他们吧！您如果实行仁政，您的百姓自然就会爱护他们的上司，情愿为他们的长官牺牲自己的生命。"

【赏析】

　　本章孟子告诉邹穆公：作为君主要实行仁政，只有这样老百姓才会爱护他的上级，甚至情愿为他们的长官而死。孟子认为作战时百姓不去救自己的长官，并不怪百姓，而怪这些长官平时对百姓太狠毒、太冷酷。

【原文】

　　　　滕文公[1] 问曰："滕，小国也，间于齐、楚。事齐乎？事楚乎？"孟子对曰："是谋非吾所能及也。无已，则有一焉：凿斯池[2] 也，筑斯城也，与民守之，效[3] 死而民弗去，则是可为也。"

【注释】

〔1〕滕文公：滕国的国君，很敬重孟子和他的主张。

〔2〕池：城池的池，护城河。

〔3〕效死：效、献。效死，为某人或某事去死。

【译文】

　　滕文公问孟子说："滕国实力差，是赢弱小国，处在齐国和楚国的中间，您觉得它该服事齐国，还是服事楚国？"孟子回答说："这个问题超出我的能力范围，我回答不了。如果您定要我谈谈，办法只有一个：把护城河挖深，把城墙加固，和百姓一道来守卫它。百姓如果宁肯献出生命都要守城，不肯弃城逃跑，那滕国就有救了。"

【赏析】

　　本章是孟子与滕文公的谈话，记叙了滕文公向孟子请教滕国出路的问题。滕国是个小国，它东北毗邻强大的齐国，南面又接壤强大的楚国，究竟投靠哪个国家好，滕文公陷入了困惑。孟子也深感自己无能为力，因为"两大之间难为小"。于是就指出了让滕国走自立自强之路，宁可亡国也不做大国的附属国，任其宰割。孟子认为虽然这样做，也有可能会失败，但这种失败与图侥幸投靠大国的失败比，是有天壤之别的。因为这种失败是站着死，而丧失国格是跪着死，两者是不能同日而语的。

公 孙 丑 上

【原文】

　　公孙丑问曰："夫子当路[1]于齐，管仲、晏子之功，可复许[2]乎？"

　　孟子曰："子诚齐人也，知管仲、晏子而已矣。或问乎曾西曰：'吾子[3]与子路孰贤？'曾西蹵[4]然曰：'吾先子[5]之所畏也。'曰：'然则吾子与管仲孰贤？'曾西艴然[6]不悦，曰：'尔何曾[7]比予于管仲！管仲得君如彼其专也，行乎国政如彼其久也，功烈如彼其卑也；尔何曾比予于是？'"曰："管仲，曾西之所不为也，而子为[8]我愿之乎？"

　　曰："管仲以其君霸，晏子以其君显。管仲、晏子犹不足为与？"

曰："以齐王，由^{〔9〕}反手也。"

曰："若是，则弟子之惑滋甚。且以文王之德，百年而后崩，犹未洽于天下；武王、周公^{〔10〕}继之，然后大行。今言王若易然，则文王不足法与？"

曰："文王何可当也！由汤至于武丁，贤圣之君六七作^{〔11〕}，天下归殷久矣，久则难变也。武丁朝诸侯，有天下，犹运之掌也。纣之去武丁未久也^{〔12〕}，其故家遗俗，流风善政，犹有存者；又有微子、微仲、王子比干、箕子、胶鬲——皆贤人也——相与辅相^{〔13〕}之，故久而后失之也。尺地，莫非其有也；一民，莫非其臣也；然而文王犹方百里起，是以难也。齐人有言曰：'虽有智慧，不如乘势；虽有镃基，不如待时^{〔14〕}。'今时则易然也：夏后、殷、周之盛，地未有过千里者也，而齐有其地矣；鸡鸣狗吠相闻，而达乎四境，而齐有其民矣。地不改辟矣，民不改聚矣，行仁政而王，莫之能御也。且王者之不作，未有疏于此时者也；民之憔悴于虐政，未有甚于此时者也。饥者易为食，渴者易为饮。孔子曰：'德之流行，速于置邮而传命^{〔15〕}'。当今之时，万乘之国行仁政，民之悦之，犹解倒悬也。故事半古之人，功必倍之，惟此时为然。"

周　公

【注释】

〔1〕当路：当政、当权。

〔2〕许：兴、兴起。

〔3〕吾子：您。

〔4〕蹵：不安的样子。

〔5〕先子：父亲、先父。

〔6〕艴（fú）然：不高兴的样子。

〔7〕曾：竟、竟然。

〔8〕为：谓、说。

〔9〕由：犹、如、好像。

〔10〕周公：姬旦，文王子，武王弟，辅佐武王伐纣，统一天下；又辅佐成王定乱，安定天下。

〔11〕作：起、拨。约略量词，如：一拨、两起。

〔12〕纣之去武丁未久也：武丁，商代贤王。纣距武丁年代不久远。

〔13〕相与辅相：相与，共同、一起。辅相，辅佐、辅助。

〔14〕虽有镃基，不如待时：镃，又作锄头。时，农时。

〔15〕置邮而传命：置和邮，相当于后来的驿站。传命，传递命令。

【译文】

公孙丑问孟子：“如果齐国用您为政，您能创造出像管仲、晏子那样的政绩来吗？”

孟子回答道：“你真是个齐国人，就知道管仲、晏子。有人问曾西说：‘您和子路谁更贤能？’曾西惶惶不安地说：‘他是我先辈所敬畏的楷模。’那人又问：‘那么，您和管仲谁更贤能呢？’曾西勃然大怒，板着脸说：‘你为什么要把我和管仲相比？君主如此信任管仲，而且至死不渝，执政那么长时间，功绩却是那样的微不足道，你为什么要把我和他相提并论？’”孟子接

管 仲

着说：“管仲这种人，连曾西都不屑于同他相比，你以为我和他可以同日而语吗？”

公孙丑说：“管仲辅佐君主使他称霸诸侯，晏子辅佐君主使他名扬天下。管仲、晏子这种人难道还不值得效法吗？”

孟子说：“以齐国来统一天下，易如反掌。”

公孙丑说：“照先生这样说，我就更糊涂了。凭着周文王那样的德行，活了100岁后才死，德政还未遍及天下；武王、周公继承他的事业后才广泛推行王道。现在您说统一天下如此容易，岂不是文王也不值得效法了吗？”

孟子说：“谁能与文王相比呢？从商朝的成汤到武丁，贤明的君主出现了六七个。天下归顺殷商的时间相当长久，时间长了就难免发生变动。武丁使诸侯来朝见，治理天下，易如反掌。武丁卸职不久纣王当政，从前的优良传统、美好风尚和仁政善教，还有保存下来的；又有微子、微仲、王子比干、箕子、胶鬲，都是贤能的人，共同辅助他，所以经历相当长时间后才失去天下。当时没有一寸土地不属于纣王所有，没有一个百姓不向他俯首称臣，然而周文王还能凭方圆百里的小国起家，所以是很难的。齐国人有句俗话说：‘即使有智慧，还得赶上好时机；即使有锄犁，还得待农时。’现在齐国要统一天下就容易多了。夏、商、周强盛时，土地没有超过方圆千里的，而齐国却拥有如此辽阔的土地；鸡鸣狗叫的声音接连不断，从都城一直达到四方

边境，而齐国拥有这片土地上的民众。疆域不用再扩展，民众不用再增加，只要实行仁政来统一天下，没有人能阻止它。而且统一天下的君主不出现，是史无前例的；民众被暴政所折磨，没有比这个时期更严酷的了。人们饥不择食，口渴时没有水喝。孔子说：'德政的传播，比驿站传达命令还要迅速。'现在这个时候，拥有万辆兵车的国家施行仁政，民众的喜悦，如同从倒吊之中被解脱下来。所以接古人之道一定事半功倍，只有现在这个时代是这样的。"

【赏析】

　　本章记孟子与公孙丑的谈话，分析齐国称王天下的形势，主张通过实行仁政来达到王道的理想社会。孟子认为，一个大国如果准备实行仁政，消息就会很快传遍天下，会受到百姓的欢迎；贤士的辅助，德政传播开来，天下就会归心。

【原文】

　　　　公孙丑问曰："夫子加[1]齐之卿相，得行道焉，虽由此霸王，不异矣。如此，则动心否乎？"

　　孟子曰："否。我四十不动心。"

　　曰："若是，则夫子过孟贲[2]远矣。"

　　曰："是不难，告子[3]先我不动心。"

　　曰："不动心有道乎？"

　　曰："有。北宫黝[4]之养勇也：不肤桡[5]，不目逃，思以一豪挫于人，若挞之于市朝[6]，不受于褐宽博[7]，亦不受于万乘之君；视刺万乘之君，若刺褐夫；无严[8]诸侯，恶声至，必反之。孟施舍[9]之所养勇也，曰：'视不胜犹胜也；量敌而后进，虑胜而后会，是畏三军者也。舍岂能为必胜哉？能无惧而已矣。'孟施舍似曾子，北宫黝似子夏。夫二子之勇，未知其孰贤，然而孟施舍守约也。昔者曾子谓子襄[10]曰：'子好勇乎？吾尝闻大勇于夫子矣：自反而不缩[11]，虽褐宽博，吾不惴[12]焉；自反而缩，虽千万人，吾往矣。'孟施舍之守气，又不如曾子之守约也。"

曰："敢问夫子之不动心与告子之不动心，可得闻与？"

"告子曰：'不得于言，勿求于心；不得于心，勿求于气[13]。'不得于心，勿求于气，可；不得于言，勿求于心，不可。夫志，气之帅也；气，体之充也。夫志至焉，气次焉[14]；故曰：'持其志，无暴其气[15]。'"

"既曰，'志至焉，气次焉。'又曰，'持其志，无暴其气。'者何也？"

曰："志壹[16]则动气，气壹则动志也，今夫蹶者趋者，是气也，而反动其心。"

"敢问夫子恶乎长？"

曰："我知言，我善养吾浩然[17]之气。"

"敢问何谓浩然之气？"

曰："难言也。其为气也，至大至刚，以直养而无害，则塞于天地之间。其为气也，配义与道；无是馁也。是集义所生者，非义袭而取之也。行有不慊[18]于心，则馁矣。我故曰。告子未尝知义，以其外之也。必有事焉，而勿正[19]，心勿忘，勿助长也。无若宋人然：宋人有闵其苗之不长而揠[20]之者，芒芒然[21]归，谓其人[22]曰：'今日病[23]矣！予助苗长矣！'其子趋而往视之，苗则槁矣。天下之不助苗长者寡矣。以为无益而舍之者，不耘[24]苗者也；助之长者，揠苗者也——非徒无益，而又害之。"

"何谓知言？"

曰："诐辞知其所蔽[25]，淫辞知其所陷[26]，邪辞知其所离[27]，遁辞知其所穷[28]。生于其心，害于其政·发于其政，害于其事。圣人复起，必从吾言矣。"

"宰我、子贡善为说辞，冉牛、闵子、颜渊善言德行。孔子兼之，曰：'我于辞命，则不能也。'然则夫子既圣矣乎？"

曰："恶[29]！是何言也？昔者子贡问于孔子曰：'夫子圣矣乎？'孔子曰：'圣则吾不能，我学不厌而教不倦也。'子贡曰：'学不厌，智也；教不倦，仁也。仁且智，夫子既圣矣。'夫圣，孔子不居——是何言也？"

"昔者窃[30]闻之：子夏、子游、子张皆有圣人之一体，冉牛、闵子、颜渊则具体而微，敢问所安。"

曰："姑舍是[31]。"曰："伯夷、伊尹[32]何如？"

曰："不同道。非其君不事，非其民不使；治则进，乱则退，伯夷也。何事非君，何使非民；治亦进，乱亦进，伊尹也。可以仕则仕，可以止则止[33]，可以久则久，可以速则速，孔子也。皆古圣人也，吾未能有行焉；乃[34]所愿，则学孔子也。"

"伯夷、伊尹于孔子，若是班[35]乎？"

曰："否；自有生民以来，未有孔子也。"

曰："然则有同与？"

曰："有。得百里之地而君之，皆能以朝诸侯，有天下；行一不义，杀一不辜，而得天下，皆不为也。是则同。"

曰："敢问其所以异。"

曰："宰我、子贡、有若，智足以知圣人，污不至阿其所好[36]。宰我曰：'以予观于夫子，贤于尧、舜远矣。'子贡曰：'见其礼而知其政，闻其乐而知其德，由百世之后，等[37]百世之王，莫之能违也。自生民以来，未有夫子也。'有若曰：'岂惟民哉？麒麟之于走兽，凤凰之于飞鸟，泰山之于丘垤[38]，河海之于行潦[39]。类也，圣人之于民，亦类也。出于其类，拔乎其萃[40]，自生民以来，未有盛于孔子也。'"

【注释】

〔1〕加：居、处于。加和居古代读音相同，所以可以通用。

〔2〕孟贲：古代的勇士。

〔3〕告子：墨子的学生。

〔4〕北宫黝（yǒu）：古代善于养勇的人，齐国人。

〔5〕不肤桡（náo）：桡，却、退却。不肤桡，刺皮肤，不向后躲闪、退缩。

〔6〕市朝：市集、市场。"朝"没有实义。

〔7〕褐（hè）宽博：褐，粗衣。意思是穿肥大粗衣的人，即卑贱的劳动者。

〔8〕无严：严，畏、畏惧。无严，无畏、无所畏惧。

〔9〕孟施舍：古代善于养勇的人。

〔10〕子襄：曾子弟子。

〔11〕缩：直，横直的直。

〔12〕惴：警惧。

〔13〕气：感情意气。

〔14〕次：止、停止。

〔15〕无暴其气：暴，乱。不使自己的意气感情滥乱。

〔16〕志壹：壹，专一。意志专一。

〔17〕浩然：盛大流行的样子。

〔18〕慊（qiè）：满足、痛快。

〔19〕正：目的。

〔20〕揠（yà）：拔。

〔21〕芒芒然：疲倦的样子。

〔22〕其人：家里人。

〔23〕病：累、疲倦。

〔24〕耘：又作芸，除草。

〔25〕诐（bì）辞知其所蔽：诐，偏颇。蔽，遮蔽，话不通明，好像堵塞在一个角落。意思是对偏颇片面的话，能知道它的不通之处在哪里。

〔26〕淫辞知其所陷：淫，过。意思是对于过分的话，能知道它沉陷之处在哪里。

〔27〕邪辞知其所离：邪，偏邪。意思是对于偏邪的话，能知道它偏离正道之处在哪里。

〔28〕遁辞知其所穷：遁，逃、避。意思是对于那闪烁其词的话，能知道它理屈之处在哪里。

〔29〕恶（wū）：同"乌"。叹词。

〔30〕窃：私、私自、私下里。自谦的意思。意思是私下里听说过。

〔31〕姑舍是：姑，暂且。舍，是，此、这、这个。

〔32〕伊尹：商汤的相，为商朝的建立和发展立下大功，孟子称为圣人之一。

〔33〕止：退、退隐。

〔34〕乃：至于、至若。

伊 尹

〔35〕班：等同、并列。

〔36〕污不至阿其所好：污，卑下、低劣。阿，迎合、阿谀、偏袒。好，爱好、嗜好。意思是再卑劣也不至于偏袒自己所爱好的人。

〔37〕等：等级、差等。有评比的意思。

〔38〕垤（dié）：小土丘。

〔39〕行潦（háng lǎo）：雨后积水。

〔40〕萃（cuì）：原指草丛密集，这里借喻人才聚集。

【译文】

公孙丑询问说："先生如果做了齐国的卿相，能够推行自己的政治主张，即使因此而称霸、统一天下，也不足为奇。如果真能形成这种局面，您是不是很激动呢？"

孟子回答说："不会。我40岁后就没有再动过心。"

公孙丑说："这么说，先生比孟贲强得多了。"

孟子说："这并不难，告子能够不动心比我还早呢！"

公孙丑说："怎样才能不动心呢？"

孟子说："北宫黝是这样培养勇气的，肌肤被刺不退缩颤动，眼睛被扎伤也不眨一眨，以为小事上受挫于人，就如在大庭广众中挨了鞭打一样。既不能忍受平民对他的侮辱，也不能忍受大国君王的欺凌。认为刺杀大国君主跟刺杀平民是一样的。对于诸侯无所畏惧，听到斥骂声，必定给予回击。孟施舍是这样培养勇气的，他说：'把不能战胜的敌人，同足以战胜的敌人混为一谈。如果先估量敌人的力量然后才前进，先考虑胜败然后才交战，如果对方人多势众就会畏缩不前。确保出师必胜有什么秘诀吗？只不过是无所畏惧而已。'孟施舍这类人很像曾子，北宫黝这类人很像子夏。这二人的勇气，不知道谁更强一些，不过孟施舍的培养勇气的方法更简易。从前曾子对子襄说：'你喜爱勇敢吗？我曾听孔夫子讲过大勇的理论：扪心自问自知理亏，即使是卑贱的人，我也不吓唬他；扪心自问而觉得正义在我一边，即使面对千万人，我也勇往直前。'孟施舍保持勇气的方法，没有曾子的简单。"

公孙丑说："我能冒昧地问一下，先生的不动心与告子的不动心有什么区别吗？"

孟子说："告子讲过：'如果在言语方面有所不达，不必考虑究竟是怎么想的；如果内心有所不安，不必求助于意气。'内心有所不安，敢意气用

伯夷

事，这是可以的；言语上有所不达，不考虑究竟是怎么想的，这就不对了。内心的志向，是意气的主宰；意气，是充满体内的力量。志向是根本，意气在其次。所以说：'坚定自己的志向，不要意气用事。'"

公孙丑说："先生既然说'志向是根本，意气在其次'，可又说'坚定自己的志向，不要滥用意气'，这是什么道理呢？"

孟子说："志向专一，意气就会随志向变化；意气专一，志向不会因一时冲动而改变。譬如跌倒和奔跑，只是体气专注于某一方面的运动，反过来也会引成思想的波动。"

公孙丑说："请问先生有什么特长？"

孟子说："我善于剖析别人的言辞，也善于培养我的浩然正气。"

公孙丑说："请问什么叫作浩然正气？"

孟子说："很难讲清楚。这种气，最浩大最刚强，用正直去培养它，确保其毫发无损，这种气便可充斥天地。这种气，要同义和道相配合；缺乏它们，气便不够盈满。这种气，是聚集了正义才产生的，不是凭偶尔的正义之举所能获取。做了对不起自己良心的事，气便不够盈满。所以我说，告子根本不懂义，因为他把义看作心外的东西。一定要加以培养，不要总想结果如何，心中不要忘记它，不要不切实际地帮助它生长。不要像宋国人那样，宋国有个人，操心他的禾苗长得不快而拔高它，疲倦地回到家中。对家里人说：'今天累坏了，我把禾苗拔高了。'他的儿子跑到地里去看，禾苗都枯萎了。天下不拔苗助长的人，实在是很少的。以为培育没有益处而放弃努力的，是不锄草的人；帮助禾苗长高的，是拔高它的人。这就不仅没有益处，而且还伤害了它。"

公孙丑问："怎样去剖析言辞呢？"

孟子说："偏颇的言辞剖析它的片面性，放荡的言辞剖析它的沉溺之处，邪僻的言辞剖析它与正道的分歧点，不确定的言辞找到它的漏洞。这些言辞从心中产生，必然危害政治；在政治设施中体现出来，必然会扰乱国事。如果圣人再出现，也会认可我的观点。"

公孙丑说："宰我、子贡善于言谈，冉牛、闵子、颜渊善于论述道德修养。孔子兼有这些特长，却说：'我不擅长辞令。'那么，先生您称得上圣人了吗？"

孟子说："哎！你这是什么话？从前子贡问孔子说：'老师称得上是圣人吗？'孔子说：'我不够作圣人的标准，我只不过学习不知厌烦、教人不嫌疲倦而已。'子贡说：'学习不知厌烦，这是智；教人不嫌疲倦，这是仁。既有仁又有智，先生已经是圣人了。'圣人，连孔子都不敢自居，您问我是否达到圣人的标准不是太牵强了吗？"

公孙丑说："从前我听说，子夏、子游、子张都各有圣人所具备的一部分长处，冉牛、闵子、颜渊虽有圣人之贤，但微乎其微。请问您属于哪种人？"

孟子说："暂且不谈这个吧！"

公孙丑说："伯夷、伊尹两人怎么样？"

孟子说："两人截然不同。不是理想的君主不去侍奉，不是理想的百姓不去管辖，天下太平才肯做官，社会动乱就要隐退，伯夷

子 贡

是这样的。什么样的君主都可侍奉，什么样的百姓都可管辖，天下太平也做官，社会动乱也做官，伊尹是这样的。应该做官就做官，应该隐退就隐退，应该长久干就长久干，应该迅速下就迅速下，孔子是这样的。他们都是古代的圣人，他们的所作所为我都做不到。至于我的愿望，是学习孔子。"

公孙丑说："伯夷、伊尹和孔子，他们不是一样的人吗？"

孟子说："不是。人类出现后，没有能够比得上孔子的。"公孙丑说："那么，他们有相同之处吗？"

孟子说："有。倘若让他们做方圆百里封国的君主，都能使诸侯来朝拜而统一天下。如果要他们做一件不义的事、杀死一个无辜的人而得到天下，他们都不会做的。这就是他们的相同之处。"

公孙丑说："请问他们有什么区别呢？"

孟子说："宰我、子贡和有若，智慧足以了解圣人。即使他们不廉洁，也不致偏袒所喜好的人。宰我说：'依我观察先生，比尧舜贤能多了。'子贡说：'看到一个国家的礼仪，便能推知它的政治，听一个国家的音乐，便能推知它的德教。从百世之后评价百世以来的君王，都以孔子的理论作标准。自从有人类以来，没有比得上孔子的。'有若说：'难道只有人类是这样吗？麒麟对于一般走兽，凤凰对于一般飞禽，泰山对于一般土堆，黄河大海对于一般溪流，都属于同一类。圣人对于百姓来说，也是同类。但却远远超出了同类事物，大大高出了他那一群。自从有人类以来，没有比孔子更伟大的。'

【赏析】

本章讲孟子"我善养吾浩然之气。"孟子通过宋人揠苗助长的故事告诫人们：自古至今，凡急功近利，结果反受其害。浩然之气本是天地间的正气，充贯吾身者，成为人的正气。这种正气因为有了私欲就会受到伤害，从而变得空

虚无力。所以培养它必须与正义、真理相结合，而且不是一朝一夕，要日积月累才行。

【原文】

孟子曰："以力假仁者霸，霸必有大国；以德行仁者王，王不待大——汤以七十里，文王以百里，以力服人者，非心服也，力不赡也；以德服人者，中心悦而诚服也，如七十子[1]之服孔子也。《诗》云：'自西自东，自南自北，无思[2]不服。'此之谓也。"

【注释】

〔1〕七十子：孔子的弟子中的70个贤人。
〔2〕无思：思，语气助词，无义。无思，即没有。

【译文】

孟子说："打着仁义的招牌拥有雄厚军事实力的人可以称霸，称霸必须依靠强大的国力。品行高尚、施仁政就能统一天下，统一天下不必仗恃国力的强大。成汤只用方圆70里土地，周文王只用方圆百里土地，就使天下归服。以武力征服别人的，被征用的人并不心悦诚服，只是力量不足；以德行征服别人的，被征服的人才会心悦诚服，就像70多位学生顺服孔子那样。《诗经》上说：'从西到东，从南到北，无不心悦诚服。'说的就是这个意思。"

【赏析】

本章阐述了王道与霸道的不同，强调只有实行王道，才能使天下归服。孟子认为，霸道是倚仗实力然后假借仁义的名声而称霸诸侯，这种称霸必须以国力强盛为基础；而王道依靠道德教化和实行仁政而统一天下，这种统一天下不必以国力强盛为基础。霸道不能使人心服口服；王道却能让人心悦诚服。霸道的作风是表面的、短暂的；而王道的作用则是长久的、内在的。这种层层对比的正反论证，充分地表达了王、霸思想的根本区别与利害，这一思想亦对后世产生了重要影响。

【原文】

孟子曰："仁则荣，不仁则辱；今恶辱而居不仁，是犹恶湿而居下也。如恶之，莫如贵德而尊士，贤者在位，能者在职；国家闲暇[1]，及是时，明其政刑[2]。虽大国，必畏之矣。《诗》云：'迨天之未阴雨，彻彼桑土，绸缪牖户[3]。今此下民，或敢侮予？'孔子曰：'为此诗者，其知道乎！能治其国家，谁敢侮之？'今国家闲暇，及是时，般乐怠敖[4]，是自求祸也。祸福无不自己求之者。《诗》云：'永言配命，自求多福。'《太甲》曰：'天作孽，犹可违；自作孽，不可活。'此之谓也。"

【注释】

〔1〕国家闲暇：国家平安，没有内乱。

〔2〕政刑：政事和刑罚。

〔3〕绸缪（chóu móu）牖（yǒu）户：绸缪，修缮。牖，窗子。户，门。

〔4〕般（pán）乐怠敖：般，乐。怠，怠惰。敖，同"遨"，出游。

【译文】

孟子说："当政者推行仁政就会荣耀，不行仁政就会招致骂名。现在他们厌恶遭受耻辱，却处在不仁的境地，这就如同厌恶潮湿而又呆在洼地里。如果不想蒙受骂名，不如培养自己高尚的品格合乎礼仪的言行并尊敬士人，使有德行的人身居高位，使有才能的人担任一定职务。国家局势稳定，趁这个时机，修明政治法典。即使是强大的邻国，也不敢冒犯它。《诗经》上说：'趁着天晴，剥些桑树根上的皮，修补窗子和门户。现在你们下面人，有谁还敢来欺侮？'孔子说：'作这篇诗的人，真是明理啊！能够治理好自己的国家，谁敢欺侮他？'现在国家局势稳定，在这个时候追求享乐，懒怠游玩，这是自寻祸害。《诗经》上又说：'常顺天命不相违，寻求幸福要自强。'《太甲》中也说过：'天降的灾祸，还可以躲；自造的罪孽，逃也逃不掉。'说的就是这个意思。"

【赏析】

本章孟子劝勉国君要任贤使能，实行仁政。他首先把仁政与荣耀联系起来，指出国君只有实行仁政才能得到荣耀，并针对当时的社会现实说：国家虽然没有内忧外患，但国君若是只求苟安、不图进取的话，这等于是自己寻求祸害。通过正反对比，得出结论："祸福无不是自己寻求而来的。"整体而言，就是孟子通过分析国君好荣恶辱的心理，提出了选贤任能的主张，强调把握治国时机，阐明了实行仁政的结果。告诫人们：只有积极努力，奋发向上，才能趋福避祸。

【原文】

孟子曰："尊贤使能，俊杰在位，则在下之士皆悦，而愿立于其朝矣。市，廛而不征，法而不廛[1]，则天下之商皆悦，而愿藏于其市矣。关，讥而不征，则天下之旅皆悦，而愿出于其路矣。耕者，助而不税[2]，则天下之农皆悦，而愿耕于其野矣；廛，无夫里之布[3]，则天下之民皆悦，而愿为之氓[4]矣。信能行此五者，则邻国之民仰[5]之若父母矣。率其子弟，攻其父母，自有生民以来未有能济者也。如此，则无敌于天下。无敌于天下者，天吏[6]也。然则不王者，未之有也。"

【注释】

〔1〕法而不廛：廛，存货的地方。按规定收购而不让它积压。

〔2〕助而不税：井田制，八家共助公田，公田耕种完，再耕种私田，不再收税。

〔3〕夫里之布：布，钱币。额外的雇役钱和地税。

〔4〕氓（méng）：古代称外来的人。

〔5〕仰：仰望、仰慕。

〔6〕天吏：吏，治人者。天吏是受天命的官吏，所以无敌于天下。

【译文】

孟子说："尊重有德行的人，让有识之士都有施展他们才能、抱负的机会，那么天下的士人无不欢欣鼓舞，愿意出朝为官。市场上提供免费的仓库，依法收购滞销货物而不让其积压，那么天下的商人都会高兴，愿意把货物存放在那市场上了。关卡上只稽查而不征税，那么天下的旅客都会高兴，愿意从那里经过。对种庄稼的人，只按井田制让他们助耕公田而不再收税，那么天下的农民都会高兴，愿意在那片原野上耕作了。对居民聚集区，没有额外的雇役钱和杂税，那么天下的民众

都会高兴，愿意在那儿落户了。真正能做到这5项，那么邻国的民众就会像对父母一样地仰慕他。率领自己的子弟，攻打自己的父母，自有人类以来，没有能够成功的。这样，就会天下无敌。天下无敌的人，可以叫作天使。这样的人没有不称王天下的。"

【赏析】

本章孟子提出了五种仁政措施，其大致可划分为两类：一是政治上的任贤使能，它能为国君统一天下提供一定的组织保证；二是促进经济发展的各项赋税政策，这是孟子减轻赋税主张的具体表现。文章采用先分后总的方法，既阐述了五项仁政措施，又突出了仁政的功效。文章如百川汇入大海一般呈现波澜壮阔之势，表现出孟子对实行仁政、统一天下的坚定信念。

【原文】

孟子曰："矢人岂不仁于函人[1]哉？矢人惟恐不伤人，函人惟恐伤人。巫[2]匠[3]亦然。故术不可不慎也。孔子曰：'里仁为美。择不处仁，焉得智？'夫仁，天之尊爵也，人之安宅也。莫之御而不仁，是不智也。不仁、不智、无礼、无义，人役也。人役而耻为役，由[4]弓人而耻为弓，矢人而耻为矢也。如耻之，莫如为仁。仁者如射：射者正己而后发；发而不中，不怨胜己者，反求诸己而已矣。"

【注释】

〔1〕函人：函，铠甲。函人，制造铠甲的匠人。
〔2〕巫：巫医。
〔3〕匠：木工。
〔4〕由：犹，如。

【译文】

孟子说："制造箭枝的人难道比制造铠甲的人要残忍吗？制造箭枝的人生怕箭枝伤不了人，制造铠甲的人生怕抵御不了刀箭侵袭而伤了人。巫医和木匠也是这样，所以选择职业一定要慎之又慎。孔子说：'居住在风化好的地方是件美事，挑那种民风败坏的地方住，恐怕不太明智吧？'仁德是上天尊贵的爵位，是人间安逸的住宅。没有任何人阻止却不讲仁德，这是不明智的。不仁、不智、无礼、无义的人，只能受人驱使。觉得给人当牛作马是种耻辱，就好像造弓的人以造弓为耻、造箭的人以造箭为耻一样。如果觉得给人当牛作马是种耻辱，不如实行仁政。实行仁政的人如同赛箭，射箭的人先端正姿势而后放箭。放出了箭而没射中，不去埋怨胜过自己的人，只要找出自己的不足就好。"

【赏析】

本章的中心意思是劝人们选择"仁"，即"行仁"。仁义礼智是天赐予人的优秀品质，而"仁"是人的本心，是兼统四者的最高品质，人应当常在其中，不可须臾离开。如果能好好地行仁，就可以成为一个真正的人，哪怕你是一个很普通的人，也能从你的身上体现出人性的尊严和光辉。

【原文】

孟子曰："子路，人告之以有过，则喜。禹闻善言，则拜。大舜有[1]大焉，善与人同，舍己从人，乐取于人以为善。自耕稼、陶、渔以至为帝，无非取于人者。取诸人以为善，是与[2]人为善者也。故君子莫大乎与人为善。"

【注释】

〔1〕有：又。
〔2〕与：偕、偕同。

【译文】

夏 禹

孟子说："子路，有人指出他的缺点他就高兴。禹听到了有益的话，就给人行礼。大舜在这方面表现得更好，行善没有别人和自己的区分，抛弃一己私见而接受别人的正确意见，乐意吸取别人的优点来成就善事。亲自耕作、制陶、捕鱼，直到做帝王，没有一项优点不是从别人那里学来的。吸取别人优点来做善事，这是协同别人共同行善啊。所以君子的德行，没有比和别人共同行善更大的了。"

【赏析】

本章孟子通过三位历史人物来说明古代圣贤的乐善与真诚。今人有错误，总是讳疾忌医，是不对的。我们应该向子路、大舜、大禹那样，向先贤学习，舍弃自己的不足，吸取别人的长处，与人为善，提高自己，完善自己。

公 孙 丑 下

【原文】

　　孟子曰："天时不如地利，地利不如人和。三里之城，七里之郭[1]，环而攻之而不胜。夫环而攻之，必有得天时者矣；然而不胜者，是天时不如地利也。城非不高也，池非不深也，兵革[2]非不坚利也，米粟非不多也；委[3]而去之，是地利不如人和也。故曰：域民不以封疆之界，固国不以山谿[4]之险，威天下不以兵革之利。得道[5]者多助，失道者寡助。寡助之至，亲戚畔[6]之；多助之至，天下顺之。以天下之所顺，攻亲戚之所畔；故君子有不战，战必胜矣。"

【注释】

〔1〕郭：外城。

〔2〕兵革：兵，兵器。革，甲盾。

〔3〕委：弃，丢掉。

〔4〕谿（xī）：同"溪"。

〔5〕得道：能实行仁政叫得道。

〔6〕畔（pàn）：同"叛"。

【译文】

　　孟子说："有利的气候条件和时机不如有利的地理环境，有利的地理环境不如众人团结一心。方圆3里的内城，7里的外城，敌人四面包围攻打它而不能取胜。四面包围而攻打它，必定有好的时机和气候条件；然而却不能取胜，这说明有利的气候条件和时机不如有利的地理环境。城墙不是不高，护城河不是不深，武器不是不坚固锐利，粮食不是不充足；抛弃这些而逃走，这是有利的地理环境不如众人团结一心。所以说，不能凭借疆界来制约民众，不能仗恃山河险要来巩固国防，不能依靠雄厚的军事力量来制服天下。施行仁政的得到的帮助多，不施仁政得到的帮助少。得到的帮助少的到了极点，连他的亲属都背叛他；得到的帮助多的到了极点，天下人都归顺他。以全天下都归顺的力量，去攻打连亲属都反对的人，所以仁德的君主不战则已，战无不胜。"

【赏析】

　　本章中，孟子认为对战争胜负起决定作用的因素在"人和"。在攻战时，好的天气、宜于防守的城池固然很重要，但人心的所向，内部的团结更为关键。所以，"天时"、"地利"、"人和"这三个因素中"人和"最重要。一国只要"人和"，就会有强大的凝聚力，不必靠武力，也可以威行天下。但"人和"有个前提，那就是治国要施行仁政，关怀、爱护人民，才可以受到人民的拥护，才会称王天下。

【原文】

　　　　孟子将朝王，王使人来曰："寡人如[1]就见者也，有寒疾，不可以风。朝，将视朝[2]，不识可使寡人得见乎？"

　　　　对曰："不幸而有疾，不能造[3]朝。"

　　　　明日，出吊于东郭氏[4]。公孙丑曰："昔者辞以病，今日吊，或者不可乎？"

　　　　曰："昔者疾，今日愈，如之何不吊？"

　　　　王使人问疾，医来。

　　　　孟仲子对曰："昔者有王命，有采薪之忧[5]，不能造朝。今病小愈，趋造于朝，我不识能至否乎？"使数人要[6]于路，曰："请必无归，而造于朝！"

　　　　不得已而之景丑氏宿焉。景子曰："内则父子，外则君臣，人之大伦也。父子主恩，君臣主敬。丑见王之敬子也，未见所以敬王也。"

　　　　曰："恶！是何言也！齐人无以仁义与王言者，岂以仁义为不美也？其心曰：'是何足与言仁义也'云尔，则不敬莫大乎是。我非尧舜之道，不敢以陈于王前，故齐人莫如我敬王也。"

景子曰："否。非此之谓也。《礼》曰，'父召，无诺[7]；君命召，不俟驾[8]。'固将朝也，闻王命而遂不果，宜[9]与夫礼若不相似然。"

曰："岂谓是与？曾子曰：'晋楚之富，不可及也；彼以其富，我以吾仁；彼以其爵，我以吾义，吾何慊[10]乎哉？'夫岂不义而曾子言之？是或一道也。天下有达尊三：爵一，齿一，德一。朝廷莫如爵，乡党莫如齿，辅世长民莫如德。恶得有其一以慢其二哉？故将大有为之君，必有所不召之臣；欲有谋焉；则就之。其尊德乐道，不如是，不足与有为也。故汤之于伊尹，学焉而后臣之，故不劳而王；桓公之于管仲，学焉而后臣之，故不劳而霸。今天下地丑[11]德齐，莫能相尚，无他，好臣其所教，而不好臣其所受教。汤之于伊尹，桓公之于管仲，则不敢召。管仲且犹不可召，而况不为管仲者乎？"

【注释】

〔1〕如：宜、当、应当。

〔2〕朝，将视朝：第一个朝字，读"朝（zhāo）"，早晨。第二个朝字，朝廷。

〔3〕造：到、到……去。

〔4〕吊东郭氏：到齐大夫东郭氏家去吊丧。

〔5〕采薪之忧：因不能去打柴而忧，借喻为有病。

〔6〕要（yāo）：遮拦、堵截。

〔7〕父召，无诺：诺，答应的声音。父亲召唤，来不及答应（无诺），马上就去。

〔8〕不俟（sì）驾：俟，等、等待。不等把车马准备好，立刻出发。

〔9〕宜：殆，大概、恐怕。

〔10〕慊（qiàn）：少。

〔11〕丑：原字。类似、相近。

　　孟子准备去朝见齐王，正巧齐王派人来说："我本当来拜访你，但因患感冒，不能吹风。如你肯来朝见，我就在大殿恭候您，不知能否让我见到你？"

　　孟子回答说："不巧我也有病，不能到朝廷。"

　　第二天，孟子到东郭大夫家吊丧。公孙丑说："昨天托辞有病，今天却去吊丧，这样做恐怕不妥吧？"孟子说："昨天有病，今天痊愈了，为什么不能去吊丧呢？"

　　齐王派人带着御医去探望孟子。

　　孟仲子回答说："昨天大王捎话来说，他有病，不能上朝。今天病情好了一些，已经上朝去了，我不知道他能不能到达。"

　　接着孟仲子立即派几个人分头到路口拦截孟子，说："请一定不要回家，赶快上朝去见齐王！"

　　孟子没有办法，只好去景丑氏家中歇息。景子说："父子、君臣，这是人与人之间最重要的关系。父子之间以慈恩为本，君臣之间以恭敬为本。我只看见大王尊敬您，却没有看见您是如何尊敬大王的。"

　　孟子说："嘿！这是什么话！齐国人中，没有以仁义向大王进言的，但能说人们认为仁义不美好吗？只是他们以为'他哪里配和我们谈仁义呢？'如此而已。不尊敬，没有比这更严重的了。不是尧舜之道，我不敢在君王面前陈说，所以齐国人没有比我更尊敬君王的了。"

　　景子说："不，我讲的不是这个意思。《礼经》上说：'父亲召唤，来不及答应就该马上过去；君主召唤，不等车马准备好就动身。'您本来准备去朝见的，听到大王的命令反而不去了，似乎有悖于礼仪吧！"孟子说："难道你真的这样看吗？曾子说过：'没有比晋楚两国更富的了。他有他的富，我有我的仁；他有他的爵位，我有我的义，我比他少什么呢？'曾子怎会无缘无故讲这种话呢？里面恐怕有一定道理吧！天下有三样尊贵的东西：一是爵位，二是年岁，最后是道德。朝廷中首要的是爵位，乡邻中首要的是年岁，辅佐君主治理民众最看重道德。哪能因拥有其中的一样而忽略其他两样呢？所以，将要大有作为的君主，一定有他所不能召唤的臣子。想要商量什么事，就亲自去拜访臣子。尊重德行，乐施仁政，不如此便不值得跟他谋事。所以成汤先向伊尹学习再以他为臣，就能不费吹灰之力而统一天下；齐桓公对于管仲，先向他学习再以他为臣子，就

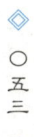

能不费吹灰之力而称霸诸侯。现在，天下各国大小相等，风气不相上下，彼此间势均力敌。没有别的原因，只是因为他们总喜欢任用听话的人，而不喜欢以能教导自己的人为臣子。成汤对于伊尹，齐桓公对于管仲，就不敢召唤。管仲尚且不可召唤，更何况不屑于做管仲的那一类人呢？"

【赏析】

本章讲孟子在齐国为客卿时本要去朝见王，正好碰到王也召见他，他反而拒绝见王的事。孟子认为自己是"非尧舜之道不敢阵于王前"，对齐王是很尊敬的，并且认为"大有为之君，必有所不召之臣"，国君真想和大臣商量事情，应到大臣那里去，只有"尊德乐道"才能干出一番事业。贤明的君主是尊重道义的。往往会礼贤下士，三顾茅庐。

【原文】

陈臻问曰："前日于齐，王馈兼金[1]一百，而不受；于宋，馈七十镒而受；于薛，馈五十镒而受。前日之不受是，则今日之受非也；今日之受是，则前日之不受非也。夫子必居一于此矣。"孟子曰："皆是也。当在宋也，予将有远行，行者必以赆[2]；辞曰：'馈赆。'予何为不受？当在薛也，予有戒心；辞曰：'闻戒，故为兵馈之。'予何为不受？若于齐，则未有处也[3]。无处而馈之，是货[4]之也。焉有君子而可以货取乎？"

【注释】

〔1〕兼金：好金。
〔2〕赆（jìn）：送给远行的人的礼物或路费。
〔3〕未有处也：没有理由接受礼物。
〔4〕货：贿赂。

【译文】

陈臻询问说："以前先生在齐国，齐王赠送百镒上等金，您不接受；可后来在宋国，送您70镒上等金您却接受了；在薛国，送您50镒上等金，您又接受了。如果以前不接受是对的，则后来接受是错的；如果后来接受是对的，则以前不接受是错的。两者之中，先生一定有一个是错的。"孟子回答说：

"都是对的。在宋国时，我准备远行，远行的人一定要带些路费，人家说是'赠送路费'，我为什么不接受？在薛国时，我有以防万一的戒备心，人家说是'听说你需要戒备，所以送点钱帮您购置兵器'。我为什么不接受？至于在齐国，就没有接受的理由。没有理由而赠送金钱，这是以财物贿赂收买。君子是用财物能收买的吗？"

【赏析】

　　本章讲孟子在齐国不受百镒之金，体现了他富贵不能淫的耿介君子之风。齐王、宋君、薛君前后都曾送金给孟子，但孟子有的接受了有的拒绝了，光从表面看这确实自相矛盾。其实孟子在权势地位和财富的"取"和"不取"上是很有原则的，他只接受有正当理由的馈赠，却从不接受有收买之意的贿赂。

【原文】

　　　　孟子之平陆[1]，谓其大夫曰："子之持戟之士[2]，一日而三失伍，则去之否乎？"

　　曰："不待三。"

　　"然则子之失伍也亦多矣。凶年饥岁，子之民，老羸[3]转于沟壑，壮者散而之四方者，几千人矣。"

　　曰："此非距心之所得为也。"

　　曰："今有受人之牛羊而为之牧之者，则必为之求牧与刍矣。求牧与刍而不得，则反诸其人乎？抑亦立而视其死与？"

　　曰："此则距心之罪也。"

　　他日，见于王曰："王之为都[4]者，臣知五人焉。知其罪者，惟孔距心。"为王诵[5]之。

　　王曰："此则寡人之罪也。"

【注释】

〔1〕平陆：齐国边境城邑名，在今山东汶上县北。

〔2〕持戟（jǐ）之士：戟，古代的一种兵器。持戟之士，泛指拿兵器的战士。

〔3〕羸（léi）：体弱。

〔4〕都：即邑。大的城叫都，小的城叫邑。

〔5〕诵：背诵、复述。

【译文】

　　孟子到达平陆，对平陆大夫孔距心说："如果你的战士一天之内失职3次，你开除他吗？"

　　孔距心回答说："等不到他犯3次错就把他开除了。"

　　孟子说："可是你自己的失职次数也够多了。赶上灾年，你辖区的民众中，老弱病残抛尸山野的，年轻力壮逃亡到别处的，几乎有1000人了。"

　　孔距心说："这不是单凭我孔距心的力量所能解决的。"

　　孟子说："假如有人接受了人家的牛羊而替他放牧，那就一定要为牛羊寻找牧场和草料。牧场和草料找不到，是把牛羊退还原主呢？还是站在那里看着牛羊死去呢？"

　　孔距心说："您这么一说此事确实是我的罪过了。"

　　过了些时，孟子朝见齐王，对他说："大王的地方长官，我认识5位。能认识到自己不足的，只有孔距心。"于是对齐王讲述了孔距心的有关情况。

　　齐王说："我对此一无所知这就是我的罪过了。"

【赏析】

　　本章记录了孟子和齐国平陆大夫孔距心的谈话。在孟子的引导下，孔距心认识到平陆百姓死的死，走的走，罪在自己。之后，又跟齐王讲述了他和孔距心的谈话，并表扬了孔距心能够罪己。表面上孟子是表扬了孔距心的罪己精神，实际上是在告诫文王也应该有"罪己"的精神，只有能够罪己，才能把百姓的温饱放在心上，才会励精图治，做出一番事业。

【原文】

　　　　　燕人畔。王曰："吾甚惭[1]于孟子。"

　　　　陈贾[2]曰："王无患焉。王自以为与周公孰仁且智？"

　　　　王曰："恶！是何言也！"

　　　　曰："周公使管叔监殷[3]，管叔以殷畔；知而使之，是不仁也；不知而使之，是不智也。仁智，周公未之尽也，而况于王乎？贾请见而解之。"

见孟子，问曰："周公何人也？"

曰："古圣人也。"

曰："使管叔监殷，管叔以殷畔也，有诸？"

曰："然。"

曰："周公知其将畔而使之与？"

曰："不知也。"

"然则圣人且有过与？"

曰："周公，弟也；管叔，兄也。周公之过，不亦宜乎？且古之君子，过则改之；今之君子，过则顺之。古之君子，其过也，如日月之食[4]，民皆见之；及其更也，民皆仰之。今之君子，岂徒顺之，又从为之辞。"

【注释】

〔1〕惭（cán）：同"慙"，愧、愧对。

〔2〕陈贾：齐国大夫。

〔3〕监殷：监督治理殷遗民。

〔4〕食：同"蚀"。

【译文】

燕国人起兵反抗齐国。齐王说："我觉得愧对于孟子。"

陈贾说："大王不必耿耿于怀。您以为同周公相比，谁更具有仁德和智慧？"

齐王说："嘿！你这么说是什么意思？"

陈贾说："周公派管叔去监察殷国遗民，管叔率领殷国遗民造反。周公如预知这一结果而派遣管叔，这是没有仁德；如果没料到这一结果而派遣管叔，这说明他没有智慧。周公尚且不能仁智双全，何况是大王您呢？请让我去会见孟子，向他解释这件事。"

陈贾见到孟子，问他说："周公是什么样的人？"

孟子说："他是古代的圣人。"

陈贾说："他派管叔监察殷国遗民，管叔率领殷国遗民叛乱，有这么回事吗？"

孟子说："有。"

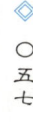

陈贾说："周公是预知管叔将要叛乱还让他去掌管殷商遗民的吗？"

孟子说："没有预料到。"

陈贾说："这么说来，圣人也有过错吗？"

孟子说："周公是弟弟，管叔是哥哥。周公会犯这样的错误，不也是情理之中的事吗？而且，古代的君子，有错就改；现在的君子，犯了错却任其发展。古代的君子，他的过错，像日食月食一样，百姓们都能看见；等到他改正时，百姓们都抬头望着他。现在的君子，岂只是任其发展，还要找一大堆借口来推卸自己的责任，掩饰自己的错误。"

【赏析】

本章孟子着重谈了国君对待错误应持有什么样的态度。孟子把古今"君子"对待错误的不同态度做了比较。古代君子，有错就改；今天君子，有错却将错就错。他严肃地批评了陈贾这一类小人，当君王有了错时，不但不劝君王改过，反而想法替其遮掩辩护，表面上是维护君王声誉，实际上是使王犯更大的错。

【原文】

孟子致为臣而归[1]。王就见孟子，曰："前日愿见而不可得，得侍同朝，甚喜；今又弃寡人而归，不识可以继此而得见乎？"

对曰："不敢请耳，固所愿也。"

他日，王谓时子曰："我欲中国[2]而授孟子室，养弟子以万钟[3]，使诸大夫国人皆有所矜式[4]。子盍为我言之！"

时子因陈子而以告孟子，陈子以时子之言告孟子。

孟子曰："然，夫时子恶知其不可也？如使予欲富辞十万而受万，是为欲富乎？季孙曰：'异哉子叔疑！使己为政，不用，则亦已矣，又使其子弟为卿。人亦孰不欲富贵？而独于富贵之中有私龙断[5]焉。'古之为市也，以其所有易其所无者，有司者治之耳。有贱丈夫焉，必求龙断而登之，以左右望，而罔市利。人皆以为贱，故从而征之。征商自此贱丈夫始矣。"

【注释】

〔1〕归：返回家乡。

〔2〕中国：中，介词。指在国都中。

〔3〕万钟：钟，量器，相当于6石4斗。万钟，1万钟粮食。

〔4〕矜式：矜，敬。式，法。敬重效法。

〔5〕龙断：即"垄断"。

【译文】

孟子辞去齐国的官职准备回乡。齐王去给孟子送行，说："以前希望见到您却一直没机会见，后来能同朝共事，十分高兴。现在您又弃我而去，不知道今后还能不能见着面？"

孟子回答说："这个我不敢奢望，不过这本来就是我的愿望。"

过了些日子，齐王对时子说："我想在都城中赐一所宅子给孟子，用1万钟谷粟供养他的学生，使官吏和国中民众都尊重效法，你能替我找他谈一谈吗？"

时子托陈子把齐王的意旨转告给孟子，陈子便把时子的话转告给孟子。

孟子说："嗯。时子哪里知道这事做不得呢？假使我想富有，我为什么要谢绝10万钟的俸禄而接受1万钟的赏赐，是想要富有吗？季孙说过：'子叔疑真是奇怪！自己要做官，不被任用，倒也罢了，又要让自己的子弟做卿大夫。哪个人不想富贵？而他不满足于自己在富贵之中，还要搞个人垄断。'古代的市场，是用自己所拥有的东西去交换所缺乏的东西，官府只是起管理作用。有个卑鄙的汉子，一定要找个独立的高地登上去，左右张望，企图谋取市场上的所有利益。人们都认为他卑鄙，所以征他的税。从此便向商人征税。"

【赏析】

本章写孟子推辞齐王筑室供养的美意，外表上孟子无比风光，其实内心却非常悲凉。孟子留齐是想在齐国实现自己的"仁政"主张，无奈齐王只顾眼前利益，只想武力称霸，却并不想采用他的建议，所以他们的君臣关系很不融洽。既然在齐不能实行自己的理想，一向耿介的孟子又怎会无功受禄？

【原文】

　　孟子去齐。尹士语人曰："不识王之不可以为汤武，则是不明也；识其不可，然且至，则是干泽[1]也。千里而见王，不遇故去，三宿而后出昼，是何濡滞[2]也？士则兹不悦[3]。"

　　高子以告。

　　曰："夫尹士恶知予哉？千里而见王，是予所欲也；不遇故去，岂予所欲哉？予不得已也。予三宿而出昼，于予心犹以为速，王庶几改之！王如改诸，则必反予。夫出昼，而王不予追也，予然后浩然[4]有归志。予虽然，岂舍王哉！王由足用[5]为善；王如用予，则岂徒齐民安，天下之民举安。王庶几改之！予日望之！予岂若是小丈夫然哉？谏于其君而不受，则怒，悻悻然见[6]于其面，去则穷日之力而后宿哉？"

　　尹士闻之，曰："士诚小人也。"

【注释】

〔1〕干泽：干，求。泽，禄。追求利禄的意思。

〔2〕濡（rú）滞：濡，迟滞、延迟。

〔3〕兹不悦：兹，此。兹不悦，不悦此，不喜欢这个。

〔4〕浩然：如流水不能止。

〔5〕足用：足以、足够。

〔6〕见：同"现"。

【译文】

　　孟子离开齐国。尹士对别人说："孟子如果不晓得齐王不能成为商汤、周武王那样的圣人，这是他昏聩不明；如果晓得齐王不行，然而还要来齐国，这是为谋求功名利禄。不远千里来见齐王，因为志不同道不合，相处不愉快而离开，歇了三夜才出昼邑，这也太慢了！我对这种情况很不高兴。"

　　高子把尹士的话转告给孟子。

　　孟子说："尹士哪里知道我的想法呢？不远千里来见齐王，是我的希望；不相和谐而离开，哪是我所希望的呢？我只是不得已罢了。我歇了三夜才出昼邑，我还觉得太快了呢，还想着或许齐王会改变态度的。齐王如改变态度，一定会召我回去。我离开昼邑，而齐王还没追我回齐，我于是下定决心返回故里。我虽然如此，哪里是抛弃齐王呢？齐王还是足以干一番事业的。他如果任用我，不但能安定齐国民众，还能安抚天下大众。齐王或许会改变态度的，我天天盼望着。我会是那种鼠目寸光的人吗？那种人规劝君主不被采纳，就大发脾气，不高兴的神色挂在脸上。离开之时，非得一天到晚走得精疲力尽后才歇息吗？"

尹士听到这番话后，说："我真是个小人。"

【赏析】

本章孟子面对齐人的责难，坦率地说出了自己离开齐国时的心情。孟子在齐二十多年，既已决定要离开为什么又没有马上走，他是在等齐王的真心挽留。在他的心中，一直都怀有治国平天下的伟大理想，他多么想在齐国实现他的王道乐土，但齐王却只顾眼前的利益，喜好武力称霸，君臣之间政见不和，离开齐国也是无奈之举。

滕 文 公 上

【原文】

滕文公为世子[1]，将之楚，过宋[2]而见孟子。孟子道性善，言必称尧舜。世子自楚反，复见孟子。孟子曰："世子疑吾言乎？夫道一而已矣。成覸[3]谓齐景公曰：'彼，丈夫也；我，丈夫也；吾何畏彼哉？'颜渊曰：'舜，何人也？予，何人也？有为者亦若是。'公明仪[4]曰：'文王，我师也；周公岂欺我哉？'今滕，绝长补短，将五十里也，犹可以为善国。《书》曰：'若药不瞑眩[5]，厥疾不瘳[6]。'"

【注释】

〔1〕世子：太子。

〔2〕过宋：由宋国经过。

〔3〕成覸(jiàn)：齐国勇士。

〔4〕公明仪：鲁国贤人。

〔5〕瞑眩（míng xuàn）：眼睛昏花看不清东西。

〔6〕瘳（chōu）：病愈。

【译文】

滕文公做太子的时候，准备去楚国，途经宋国时会见孟子。孟子讲人性本善的道理，只字不离尧和舜。太子从楚国返回，又会见孟子。孟子说："太子怀疑我的话吗？天下的道理就这么一个。成覵对齐景公说：'他是个男子汉，我也是个男子汉，我为什么要怕他？'颜渊说：'舜是什么样的人？我是什么样的人？有作为的人都会像他那样。'公明仪说：'周文王是我的老师，周公哪会骗我呢？'现在的滕国，截长补短，大约有50平方里，还是可以治理成一个好国家。《尚书》上讲：'如果药物不让患者吃得头昏眼花，他的病就不会痊愈。'"

【赏析】

孟子在本章中首次提出了人性善的主张。他在此引证尧舜的言行向滕太子阐明了人性善良的主张，他认为人们不论贤愚，本性都是一样的，只要努力行善，人人都可以成为尧舜，拥有如尧舜般美好的品德。并以此劝勉滕太子推行仁政，振兴滕国。在这里，孟子将人性善与实行善政、治理国家联系起来，说明孟子的性善论是其仁政主张的理论基础。

【原文】

滕文公问为国。

孟子曰："民事不可缓也。《诗》云：'昼尔于茅，宵尔索绹；亟其乘屋，其始播百谷[1]。'民之为道也，有恒产者有恒心，无恒产者无恒心。苟无恒心，放辟邪侈，无不为已。及陷乎罪，然后从而刑之，是罔民也。焉有仁人在位罔民而可为也？是故贤君必恭俭礼下，取于民有制。阳虎[2]曰：'为富不仁矣，为仁不富矣。'

"夏后氏五十而贡，殷人七十而助，周人百亩而彻，其实皆什一也。彻者，彻[3]也；助者，藉[4]也。龙子[5]曰：'治地莫善于助，莫不善于贡。'贡者，

孟子

校[6]数岁之中以为常。乐岁，粒米狼戾[7]，多取之而不为虐，则寡取之；凶年，粪其田而不足，则必取盈焉。为民父母，使民盼盼然[8]，将终岁勤动，不得以养其父母，又称[9]贷而益之，使老稚转乎沟壑，恶在其为民父母也？夫世禄，滕固行之矣。《诗》云：'雨我公田，遂及我私[10]。'惟助为有公田。由此观之，虽周亦助也。

"设为庠序学校以教之。庠者，养也；校者，教也；序者，射也。夏曰校，殷曰序，周曰庠；学则三代共之，皆所以明人伦也。人伦明于上，小民亲于下。有王者起，必来取法，是为王者师也。

"《诗》云：'周虽旧邦，其命维新。'[11]文王之谓也。子力行之，亦以新子之国！"

使毕战[12]问井地。

孟子曰："子之君将行仁政，选择而使子，子必勉之！夫仁政，必自经界[13]始。经界不正，井地不钧[14]，谷禄不平，是故暴君污吏必慢其经界。经界既正，分田制禄可坐而定也。

"夫滕，壤地褊小，将为[15]君子焉，将为野人焉。无君子，莫治野人；无野人，莫养君子。请野九一而助，国中什一使自赋。卿以下必有圭田[16]，圭田五十亩；馀夫二十五亩。死徙无出乡，乡田同井，出入相友，守望相助，疾病相扶持，则百姓亲睦。方里而井，井九百亩，其中为公田。八家皆私百亩，同养公田；公事毕，然后敢治私事，所以别野人也。此其大略也；若夫润泽之，则在君与子矣。"

【注释】

〔1〕昼尔于茅，宵尔索绹，亟其乘屋，其始播百谷：昼，白天。茅，草。宵，夜里。索，搓绳子。亟，急。乘，修缮。

〔2〕阳虎：即阳货。鲁国季氏的家臣。

〔3〕彻：通、通行。

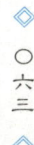

〔4〕藉：借、凭借。

〔5〕龙子：古代贤人。

〔6〕校（jiào）：比较。

〔7〕狼戾（lì）：狼藉、散乱、多而乱。

〔8〕盻盻（xī）然：盻，怒视。怒目而视的样子。

〔9〕称：举。

〔10〕雨我公田，遂及我私：井田制的百姓盼天下雨，先落在公田，然后再落到我的私田里。

〔11〕周虽旧邦，其命惟新：惟，助词，无义。意思是，周虽然是个古老的国家，但是它禀承天命，国运充满新气象。

〔12〕毕战：人名，滕国的臣。

〔13〕经界：井田的边界。经，同界。

〔14〕不钧：钧与均，古代相通用。

〔15〕为：有。

〔16〕圭（guī）田：圭，洁、洁净。圭田，供祭祀使用的田地。

【译文】

滕文公向孟子讨教治国之道。

孟子说："老百姓的事是刻不容缓的。《诗经》上说：'白天出外割茅草，晚上搓绳长又长，急急忙忙修缮屋顶，开春要播各种粮。'百姓的基本情况是，有固定的职业才能安分守己，没有固定的职业就不能安分守己。如果不能安分守己，就放荡不羁，胡作非为，什么事都做得出来。等到他们犯了罪，再去惩罚他们，这是陷害百姓。哪有仁爱的人在位，做出陷害百姓的事来的呢？所以贤明的君主一定要谨慎从事，节省开支，尊重下属。阳虎说过：'要财富就不能仁爱，要仁爱就发不了财。'

"夏代每家土地50亩，税收实行贡法，殷代每家土地70亩，税收实行助法，周代每家土地100亩，税收实行彻法，其税率实际上都是十分之一。彻，是通盘计算后缴纳十分之一的意思，助，就是借助民力耕种公田。龙子说过：'管理土地税收的办法，没有比助法更好的，没有比贡法更差的。'贡法，参照几年中的平均数作为税收标准。丰收年份，粮食堆积，多征收一些不算暴虐，却不多收；灾荒年份，百姓的收入还不够来年买肥上田的，却非按标准收满不可。君主号称百姓的衣食父母，却使民众一年到头劳苦不堪，不能赡养自己的父母，还要靠借贷来足税额，逼得老人小孩抛尸露骨在山沟之中，这是怎么做百姓的衣食父母的呢？大官吏世代承袭的俸禄，滕国早已实行了。《诗经》上说：'雨点落到公田里，同时洒到我私田。'只有实行助法才有公田。由此看来，就是周代也是实行助法的。

"要办庠序学校教育人们。庠，是培养的意思；校，是教导的意思；序，是习射的意思。地方学校，夏代称作校，殷代称作序，周代称作庠，至于大学，三代都称作学，都是用来阐明人际关系准则的。居上位的人知道该如何处理人际关系，下面的百姓就会亲密团结。如果有贤明的君王兴起，一定会效法先代，这样就可以做贤明君王的老师了。

"《诗经》上说：'岐周虽是旧邦国，接受天命新气象。'这是赞美周文王的诗句。你努力实行吧，也可以使你的国家气象一新。"

滕文公派毕战向孟子请教井田制度。

孟子说："你的君主准备实行仁政，如此看重你，你一定要努力啊！实行仁政，一定要先划分田界。田界划分不正确，井田大小不均，作为俸禄的田租收入就不会公平，所以暴虐的君主和贪官污吏必然搞乱正确的田界。田界划分正确了，分配田地，制定俸禄，便轻而易举。

"滕国，土地狭小，可也得有官员，有农夫。没有官员就没人管理农夫，没有农夫就没人养活官员。请考虑在乡村实行九分抽一的助法，城市中实行十分抽一的贡法。卿相以下官员一定有祭祀用的圭田，每家分50亩圭田。多余劳动力，每人分25亩土地，无论埋葬和搬迁，都不出本乡范围，同一井田的邻居，出入相互友爱，防御盗贼，相互帮助，身患疾病，相互照顾，如此，百姓就能和睦相处。每方圆一里，划分为一个井田，一个井田900亩，当中100亩是公田。八家各自有私田100亩，共同耕种公田。公田耕种完毕，然后再料理私人事务，这就是官员与农夫的差别。这只是一个大致轮廓。如果要调整得更合理些，就看你了。"

【赏析】

滕文公料理完父亲的丧事后，便向孟子发出了邀请，孟子于是从邹国到了滕国，本文便记叙了滕文公向孟子请教治国的事情。全文大致分为三部分：一是关心农事、合理征税；二是兴办学校、加强教化；三是实行井田、使民乐业。孟子即通过这三个方面向滕文公提出了自己的仁政主张。在此我们可以看出，孟子实际上是为我们勾画出了一幅自给自足封建自然经济的理想画图，反映了孟子对人类美好理想社会的追求。

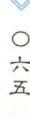

　　有为神农之言[1]者许行，自楚之滕，踵[2]门而告文公曰："远方之人闻君行仁政，愿受一廛而为氓。"

　　文公与之处。

　　其徒数十人，皆衣褐、捆屦、织席以为食[3]。

　　陈良之徒陈相与其弟辛，负耒耜而自宋之滕，曰："闻君行圣人之政，是亦圣人也，愿为圣人氓。"

　　陈相见许行而大悦，尽弃其学而学焉。

　　陈相见孟子，道许行之言曰："滕君则诚贤君也；虽然，未闻道也。贤者与民并耕而食，饔飧[4]而治。今也滕有仓廪府库，则是厉[5]民而以自养也，恶得贤？"

　　孟子曰："许子必种粟而后食乎？"

　　曰："然。"

　　"许子必织布而后衣乎？"

　　曰："否！许子衣褐。"

　　"许子冠乎？"

　　曰："冠。"

　　曰："奚冠？"

　　曰："冠素。"

　　曰："自织之与？"

　　曰："否！以粟易之。"

　　曰："许子奚为不自织？"

　　曰："害于耕。"

　　曰："许子以釜甑爨，以铁耕乎[6]？"

　　曰："然。"

　　"自为之与？"

　　曰："否！以粟易之。"

　　"以粟易械器者，不为厉陶冶；陶冶亦以其械器易粟者，岂为厉农夫哉？且许子何不为陶冶，舍[7]皆取诸其宫中[8]而用之？何为纷纷然与百工交易？何许子之不惮烦？"

曰："百工之事固不可耕且为也。"

"然则治天下独可耕且为与？有大人[9]之事，有小人之事。且一人之身，而百工之所为备，如必自为而后用之，是率天下而路[10]也。故曰，或劳心，或劳力；劳心者治人，劳力者治于人；治于人者食人，治人者食于人，天下之通义也。

"当尧之时，天下犹未平，洪水横流，泛滥于天下，草木畅茂，禽兽繁殖，五谷不登，禽兽[11]偪人，兽蹄鸟迹之道交于中国。尧独忧之，举舜而敷[12]治焉。舜使益掌火，益烈山泽而焚之，禽兽逃匿。禹疏九河，瀹[13]济漯而注诸海，决汝汉，排淮泗而注之江，然后中国可得而食也。当是时也，禹八年于外，三过其门而不入，虽欲耕，得乎？

"后稷[14]教民稼穑，树艺五谷；五谷熟而民人育。人之有道也，饱食、暖衣、逸居而无教，则近于禽兽。圣人有忧之，使契[15]为司徒，教以人伦，——父子有亲，君臣有义，夫妇有别，长幼有序，朋友有信。放勋[16]曰：'劳之来之，匡之直之，辅之翼之，使自得之，又从而振德之。'圣人之忧民如此，而暇耕乎？

"尧以不得舜为己忧，舜以不得禹、皋陶[17]为己忧。夫以百亩之不易[18]为己忧者，农夫也。分人以财谓之惠，教人以善谓之忠，为天下得人者谓之仁。是故以天下与人易，为天下得人难。孔子曰：'大哉尧之为君！惟天为大，惟尧则之，荡荡乎民无能名焉！君哉舜也！巍巍乎有天下而不与焉！'尧舜之治天下，岂无所用其心哉？亦不用于耕耳。

"吾闻用夏变夷者，未闻变于夷者也。陈良，楚产也，悦周公、仲尼之道，北学于中国。北方之学者，未能或之先也。彼所谓豪杰之士也。子之兄弟事之数十年，师死而遂倍[19]之！昔者孔子没，三年之外，门人治任[20]将归，入揖[21]于子贡，相向而哭，皆

失声，然后归。子贡反，筑室于场，独居三年，然后归。他日，子夏、子张、子游以有若似圣人，欲以所事孔子事之，强曾子。曾子曰：'不可。江汉以濯之，秋阳以暴[22]之，皜皜[23]乎不可尚已。'今也南蛮鴃[24]舌之人，非先王之道，子倍子之师而学之，亦异于曾子矣。吾闻出于幽谷迁于乔木者[25]，未闻下乔木而入于幽谷者。《鲁颂》曰：'戎狄是膺，荆舒是惩。'[26]周公方且膺之，子是之学，亦为不善变矣。"

"从许子之道，则市贾不贰，国中无伪，虽使五尺之童适市，莫之或欺。布帛长短同，则贾相若；麻缕丝絮轻重同，则贾相若；五谷之寡同，则贾相若；屦大小同，则贾相若。"

曰："夫物之不齐，物之情也；或相倍蓰[27]，或相什佰，或相千万。子比[28]而同之，是乱天下也。巨屦小屦同贾，人岂为之哉？从许子之道，相率而为伪者也，恶能治国家？"

【注释】

〔1〕神农之言：神农氏的学说。神农氏是传说中的上古"三皇"之一，教百姓从事农业生产。有说即炎帝。

〔2〕踵（zhǒng）：至、到。

〔3〕衣褐、捆屦（jù）、织席以为食：衣（yì），动词，穿。褐（hè），粗麻短衣。捆，编制。屦，草鞋。织席，编席子。以为食，来生活或为生计。

〔4〕饔飧（yōng sūn）：饔，早饭。飧，晚饭。

〔5〕厉：病。

〔6〕釜甑爨（fǔ zēng cuán）：釜，铁锅。甑，古代做饭用的一种陶器。爨，烧火做饭。

〔7〕舍：通"啥"，什么东西、一切东西、所有物件。

〔8〕宫中：宫，家、室。宫中，家中。

〔9〕大人：古代指有地位、有权势的人；称劳动者为"小人"。大人与君子义通。

〔10〕率天下而路：率，引导、带领。路，道路、路途。意思是，带领天下的人奔波劳碌于道路。

〔11〕偪：同"逼"。

后稷

〔12〕敷：布、遍。

〔13〕瀹（yuè）：疏导。

〔14〕后稷：姓姬，名弃，周朝的始祖。

〔15〕契（xiè）：姓子，商朝的始祖，帝尧时任司徒。

〔16〕放勋：尧的名字。

〔17〕皋陶（gāo yáo）：人名，又作"咎繇"，舜时的司法官。

〔18〕易：治。

〔19〕倍：背、背叛。倍，通"背"。

〔20〕治任：治，收拾、整理。任，负担，引申为背负于肩的东西——行李。治任，收拾行李。

〔21〕揖：打拱、作揖。这里是行告别礼。

〔22〕暴：同"曝"（pù），晒、晾晒。

〔23〕皜皜（hào）：光明洁白的样子。

〔24〕鴃（jué）舌：伯劳鸟，"舌"是比喻人说话快又难懂，像鸟语一样。有轻视、讥笑之意。

〔25〕出于幽谷迁于乔木：幽谷、阴暗的山谷。乔木，高大的树木。意思是从阴暗的山谷里飞出来，到高大的树上筑巢。现代有"乔迁"、"乔迁之喜"等词，来源于《诗经》此句。

〔26〕戎狄是膺（yīng）、荆舒是惩：戎、狄，我国古代北部的少数族。膺，击、打击、击退。荆、舒，南方的国家。惩，惩罚、制止。

〔27〕蓰（xǐ）：倍，一倍、加一倍。蓰，五倍。

〔28〕比：次。

【译文】

有个叫许行的人，信奉神农学说，从楚国到滕国，登门拜见滕文公，对他说："我听说您推行仁政，大老远跑来投奔您希望得到一个住所，做您的百姓。"

滕文公拨给了他住房。

许行的门徒有几十人，都穿着粗麻织成的短服，以打草鞋、织席子谋生。

陈良的门徒陈相和他的弟弟陈辛，扛着农具从宋国到滕国，说："听说国君仿效圣人，推行仁政，国君也就是圣人了，我们希望做圣人的百姓。"

陈相见到许行，非常高兴，完全抛弃自己从前的学说，而向许行学习。

陈相见到孟子，转述许行的话说："滕国君主，

的确贤明；虽然如此，还不懂得如何治国。贤明的君主要和百姓一道耕种而维持生活，要亲自做饭，还要管理国事。现在滕国有储粮仓和财物库，这是损害百姓来养活自己，哪里称得上贤明呢？"

孟子问："许子一定要亲自耕种才有饭吃吗？"

陈相答："是的。"

孟子问："许子一定要亲手织布才有衣服穿吗？"

陈相答："不是，许子只穿粗麻织成的衣服。"

孟子问："许子戴帽子吗？"

陈相答："戴。"

孟子问："他戴什么帽子？"

陈相答："戴白丝帽子。"

尧

孟子问："是自己织的吗？"

陈相答："不是，是用谷粟换的。"

孟子问："许子为什么不自己织呢？"

陈相答："因为那会妨碍耕种。"

孟子问："许子用锅甑做饭，用铁器耕田吗？"

陈相答："是的。"

孟子问："这些东西是他自己造的吗？"

陈相答："不是，是用谷粟换的。"

孟子说："用谷粟换取器械，不算是损害瓦匠铁匠；瓦匠铁匠也用器械换取谷粟，难道能说是损害农夫吗？而且，许子为什么不烧窑冶铁，各种器械都从家中取用？为什么频繁地和各类工匠进行交易，而且乐此不疲呢？"

陈相答："各类工匠的工作，本来就不是能一边耕种一边操作。"

孟子说："那么，为什么要一边耕种一边治理天下呢？有官吏的事情，有百姓的事情。况且，一个人身上所需要的生活资料，要由不同的工匠来供给。如果每一种都要亲自制作才使用，那等于全天下的人都时刻奔走在道路上。所以说，有的人做脑力劳动，有的人做体力劳动；脑力劳动者统治人，体力劳动者受人统治；被统治者供养别人，统治者被人供养，这是普天之下通行的原则。

"在尧那个时代，天下还不太平，洪水泛滥成灾。草木茂盛，飞禽走兽繁殖成群，五谷欠收，禽兽威胁人类安全，到处都能看到鸟兽的踪迹。只有尧一人为此忧虑，他选派舜领人去治水。舜命令伯益掌管火政，伯益放火焚烧山林川泽的草木，使禽兽逃散藏匿。禹又疏浚9条河道，让大江大河注入大海；挖掘汝水汉水，开凿淮水泗水，疏导入长江，然后中原地区才能够耕种田地。在这个时候，禹在外地八年，三次经过自己的家门都没进去，即使他想耕种，哪有那功夫？

"后稷教导百姓耕种收割，栽培五谷，五谷成熟了，百姓得以维持生活。人类生活是需要规范的，吃饱了，穿暖了，住得安逸了，如果没有教养，那就跟禽兽没什么两样。圣人又为此忧虑，委任契担任司徒，教人们如何处理人际关系：父子之间有血缘之亲，君臣之间有尊卑之义，夫妇之间有内外之别，长幼之间有上下之序，朋友之间有真诚之信。放勋说：'慰劳他们，安抚他们，纠正他们，教育他们，辅助他们，保护他们，使他们各得其所，然后又予以提携和督察。'圣人忧虑百姓到这种地步，哪有工夫种地啊？

"尧把得不到舜这样的人作为自己的忧虑，舜把得不到禹、皋陶这样的人作为自己的忧虑。农夫因为种不好百亩的地而忧虑。把财物分给别人叫作恩惠，把善良教给别人叫作忠诚，为天下发现人才叫作仁爱。所以说，把天下让给别人容易，为天下发现人才难。孔子说：'尧做天子，真是伟大啊！只有天最伟大，也只有尧效法天，他的恩德浩荡，百姓不知怎样称赞他！舜也是伟大的君主！他的功勋崇高，却好像和他不相关似的。'尧舜治理天下，难道没竭尽全力吗？只是没把心思花在耕种上而已。

"我只听说过用华夏制度代替蛮夷制度，没有听说过用蛮夷制度代替华夏制度。陈良是楚国土生土长的人，喜爱周公、孔子的学说，由南到北求学于中原。北方的学者，无人能及。他真称得上是豪杰之士了。你们兄弟侍奉他几十年，老师一死竟然背叛了他。从前孔子死了，3年之后，门人才收拾行装准备回家，走进子贡住处作揖告别，众人抱头痛哭泣不成声，然后才回去。子贡又回到墓地，在祭场搭建小屋，独自住在那为孔子又守了3年丧，然后才回去。过了些日子，子夏、子张、子游发现有若有点像孔子，想用侍奉孔子的礼节来侍奉有若，勉强曾子同意。曾子说：'不可以。孔子就像用长江汉水的水流冲洗过，用农历五六月的太阳曝晒过，光辉洁白无以复加。'现在，许行这怪腔怪调的南方蛮子，非难前代圣王的学说，你们却背叛你们的老师向他学习，和曾子的态度大相径庭。我只听说过小鸟飞出幽暗山谷往高大的树木上飞，没有听说过它飞下高大的树木迁往幽暗山谷

的。《鲁颂》中说：'痛击北狄和西戎，严惩荆舒使知痛。'这种国家，周公还要攻打它，你却学它落后的东西，这也是不懂得变通啊！"

陈相说："听从许子的学说，市场的物价就没有两样，城内没有欺骗行为。即使五尺长的儿童到市场上去，也没有人欺骗他。布匹丝绸的长短相同，价格就一样；麻线丝絮的轻重相同，价格就一样；粮食的数量相同，价格就一样；鞋子的大小相同，价格就一样。"

孟子说："各类产品的品质不同，这是自然的；有的价格相差一倍五倍，有的相差十倍百倍，有的价格相差千倍万倍。你把它们拉平，这是扰乱天下。粗糙的鞋和精致的鞋都卖一个价，人们难道愿意这样干吗？听从许子的学说，大家都会学着弄虚作假，怎么能够治理好国家呢？"

【赏析】

本章表面上记得是孟子与陈相的谈话，实质上反映的却是以孟子为代表的儒家思想与各学派思想的交锋。孟子除了力辟杨子为我、墨子兼爱的错误思想外，又驳斥了许行君民并耕而食的谬论。孟子认为治理国家的大事是不可能一边种地一边治理的！孟子提出了分工专职的理论，把人分为劳力者和劳心者两类，并认为这两类人的性质虽然不同，但都对群体社会有积极的贡献。孟子在与陈相的交谈中，用请君入瓮的手法使陈相自己否认了重农学派主张的错误，从而进一步阐明了自己"社会分工论"的正确。

【原文】

墨者夷之[1]因徐辟而求见孟子。孟子曰："吾固愿见，今吾尚病，病愈，我且往见，夷子不来[2]！"

他日，又求见孟子。孟子曰："吾今则可以见矣。不直，则道不见[3]；我且直之。吾闻夷子墨者，墨之治丧也，以薄为其道也；夷子思以易天下，岂以为非是而不贵也；然而夷子葬其亲厚，则是以所贱事亲也。"

徐子以告夷子。

夷子曰："儒者之道，古之人若保赤子，此言何谓也？之则以为爱无差等，施由亲始。"

徐子以告孟子。

孟子曰："夫夷子信以为人之亲其兄之子为若亲

其邻之赤子乎？彼有取尔也。赤子匍匐将入井，非赤子之罪也。且天之生物也，使之一本[4]，而夷子二本故也。盖上世尝有不葬其亲者，其亲死，则举而委之于壑。他日过之，狐狸食之，蝇蚋姑嘬之[5]。其颡有泚[6]，睨而不视。夫泚也，非为人泚，中心达于面目，盖归反蘽梩[7]而掩之。掩之诚是也，则孝子仁人之掩其亲，亦必有道矣。"

徐子以告夷子。夷子怃然为间[8]曰："命[9]之矣。"

【注释】

〔1〕夷之：人名，墨家学派的人物之一。

〔2〕不来：不，通"毋"，不要。

〔3〕见：同"现"。

〔4〕本：本源、来源。

〔5〕蝇蚋（ruì）姑嘬（zuō）之：蝇，苍蝇。蚋，虫类。姑，吸吮、咀嚼。嘬，吸吮。

〔6〕其颡（sǎng）有泚：颡，额、脑门子。泚（cǐ），汗。

〔7〕蘽（léi）梩（lí）：蘽，盛土的筐子。梩，木锨（xiān）一类挖土工具。

〔8〕怃（wǔ）然为间：怃然，怅惘、茫然若失的样子。间，顷刻、一会儿。

〔9〕命：教。

【译文】

墨家学说的信徒夷之，通过徐辟引荐求见孟子。孟子说："我本来很想见他，但我还在病中，等病好了，我就去看他，别让他来看我了。"

过了些日子，夷子又求见孟子。孟子说："我现在就可以见他了。不过，不说实话，真理就表达不出来，我就实话实说吧。我听说夷子是墨家信徒。墨家办理丧事，提倡节俭。夷子想以此来变革天下的风俗，难道认为这样不足为贵吗？然而夷子安葬他的父母却相当讲究，这就是以他所轻蔑的礼节来对待他的父母了。"

徐子将孟子的话转告给夷子。

夷子说："儒家的学说认为，古代君王爱护百姓如同爱护婴儿，您怎么理解这话？我以为是人与人之间的爱没有等级差别，只是从孝敬父母做起。"

徐子把这段话转告给孟子。

孟子说："夷子真的相信人们爱他哥哥的儿子跟爱邻居的婴儿一样吗？他只是有点根据而已。婴儿在地上爬行，将要跌入井中，这绝不是婴儿自己的罪过，谁都会救他一把。而且，天生万物，使其只有一个根源，而夷子却认为是两个根源，症结就在这里。大概是远古的时候，有人不埋葬自己的父母。父母死了，就把尸体抬进山里扔掉。过了一段时间经过那里，见到狐狸在吃尸体，苍蝇蚊子在吮吸尸体。额上不禁流出汗来，斜眼瞟一下不敢正视。这汗水，不是流给别人看的，是发自内心的愧疚。大概他回家后，会取来锄头土筐掩埋好尸体。掩埋尸体诚然是对的，那么，孝子仁人埋葬他们的父母，也该有一定的标准。"

徐子把这段话转告给夷子。夷子怅然，过了一会才说："我明白孟子的意思了。"

【赏析】

本章通过记叙夷之会见孟子的经过，批驳了墨家"爱无善等"的兼爱主张，阐明了儒家爱有差等的思想。墨家主张爱人没有亲疏等级的差别，认为爱别人就像爱自己一样，极力追求一个没有差别矛盾的社会。这固然反映了人们对平等美好社会的向往和追求，但在存在阶级差别和等级差别的社会里，这只能是一种美好的幻想。孟子主张的爱人，则是一个以亲爱父母为根本，到爱别人父母、子女的由近及远、推己及人的过程。其中包括了亲爱父母、仁爱百姓、爱护万物的不同等级和层次。由于其承认差别、对立等，因而具有较强的理论思辨性，他的主张符合了中华民族首先亲爱自己，然后再亲爱他人的民族心理和习俗，在长期的封建社会中产生了重要的影响。

滕 文 公 下

【原文】

景春曰："公孙衍[1]、张仪[2]岂不诚大丈夫哉？一怒而诸侯惧，安居而天下熄。"

孟子曰：“是焉得为大丈夫乎？子未学礼乎？丈夫之冠也，父命之；女子之嫁也，母命之[3]，往送之门，戒之曰：‘往之女家，必敬必戒，无违夫子！’以顺为正者，妾妇之道也。居天下之广居，立天下之正位，行天下之大道[4]；得志，与民由之；不得志，独行其道。富贵不能淫，贫贱不能移，威武不能屈，此之谓大丈夫。”

【注释】

　　〔1〕公孙衍：即魏国人犀首。著名说客，曾拜五国相印。

　　〔2〕张仪：魏国人，著名说客，游说六国连横，服从秦国。

　　〔3〕母命之：命，教导。母亲教导女儿出嫁后，在婆家应守的妇道。

　　〔4〕居天下之广居，立天下之正位，行天下之大道：广居，比喻“仁”。正位，比喻“礼”。大道，比喻“义”。

子

孟

【译文】

　　景春说：“公孙衍和张仪，难道不是真正的男子汉大丈夫吗？他们一发怒，诸侯就恐惧；一安居下来，天下就太平无事。”

　　孟子说：“这样的人怎么称得上大丈夫呢？你没有学过礼制吗？男子举行加冠仪式时，由父亲加以训导；女子出嫁时，由母亲加以训导，送她到门口，告诫她说：‘嫁到婆家，一定要恭敬谨慎，不要违背丈夫的意志。’把顺从当作正确，这是妇女的原则。至于男子，住在天下宽广的住宅里，站在天下正确的位置中，走在天下光明的道路上。得志，带领民众和自己一起走正道；不得志时，就让自己坚守正道。富贵不能使自己腐化堕落，贫贱不能使自己改变志向，威武不能使自己屈服变节，只有这样的人才称得上是大丈夫。”

【赏析】

　　本章记录的是景春与孟子的对话，孟子就真假大丈夫给予了辩论，他认为真正的大丈夫，人格上要始终保持独立自主，不受任何外力牵制，做到“富贵不能淫，贫贱不能移，威武不能屈。”而公孙衍、张仪之徒一生所为，都得顺从强秦的要求，并没有自己的主张，只不过是按“妾妇之道”行事，非大丈夫所为。

【原文】

周霄问曰："古之君子仕乎？"

孟子曰："仕。《传》曰：'孔子三月无君，则皇皇[1]如也，出疆必载质[2]。'公明仪曰：'古之人三月无君，则吊。'"

"三月无君则吊，不以急乎？"

曰："士之失位也，犹诸侯之失国家也。《礼》曰：'诸侯耕助以供粢盛[3]；夫人蚕缫，以为衣服[4]。牺牲不成，粢盛不洁，衣服不备，不敢以祭。惟士无田，则亦不祭。'牲杀、器皿、衣服不备，不敢以祭，则不敢以宴，亦不足吊乎？"

"出疆必载质，何也？'"

曰："士之仕也，犹农夫之耕也；农夫岂为出疆舍其耒耜[5]哉？"

曰："晋国亦仕国也，未尝闻仕如此其急。仕如此其急也，君子之难仕，何也？"

曰："丈夫生而愿为之有室，女子生而愿为之有家；父母之心，人皆有之。不待父母之命、媒妁[6]之言，钻穴隙相窥[7]，逾墙相从，则父母国人皆贱之。古之人未尝不欲仕也，又恶不由其道。不由其道而往者，与钻穴隙之类也。"

【注释】

〔1〕皇皇如也：忧伤、惶恐的样子。

〔2〕载质：质，通"贽"，礼物、见面礼。载，带、随车带上。

〔3〕粢（zī）盛：粢，祭祀用的粮食类供品。盛（chéng），用祭器盛装。

〔4〕夫人蚕缫，以为衣服：夫人，诸侯的妻子。蚕，养蚕。缫，抽丝。以为衣服，制做祭祀服装。

〔5〕耒耜（lěi sì）：古代农具。

〔6〕媒妁（shuò）：媒人。

〔7〕窥（kuī）：从小孔或小缝隙里偷看。

【译文】

周霄询问说:"古代的君子做官吗?"

孟子说:"做官。《传》上说:'孔子要是3个月不被君主任用,就非常忧愁,一定离开国境,带上求见别国君主的礼物。'公明仪说:'古代的人3个月没被君主任用,就要去安慰他。'"

周霄说:"3个月没有被君主任用就要去安慰,不也太急了吗?"

孟子说:"士人失去官职,就好比诸侯失去国家。《礼》上说:'诸侯亲自耕作,用来供给祭品;夫人亲自养蚕缲丝,用来供给祭祀的衣服。祭祀用的牲畜不肥壮,谷物不干净,衣服不齐备,不敢用来祭祀。士人如没有祭祀的田地,也不能举行祭祀。'牲畜、器具、衣服不齐备,不敢用来祭祀,不敢举行宴会,这样还不该去安慰他吗?"

周霄说:"离开国境时为什么一定要带上求见别国君主的礼物呢?"

孟子说:"士人做官,就好比农夫耕种,农夫难道因为离开国境就扔掉他的农具吗?'"

周霄说:"晋国也有许多官缺,我却没有听说求官如此迫切的。求官如此迫切,君子却不轻易做官,为什么会这样呢?"

孟子说:"男孩出生后父母都希望为他找到妻室,女孩出生后父母都希望为她找到婆家。父母的这种心情,是人之常情。不等待父母的命令、媒人的介绍,钻洞扒门缝互相窥望,翻越墙头去私会,父母和国人都会轻视他们。古代的人没有不想做官的,但又讨厌不合正道的求官。不通过正道而做官的人,和钻洞扒门缝的偷情者是一样的。"

【赏析】

本章以周霄问孟子的问题而分为两个部分。一是关于古代君子是否做官的问题,孟子以《传》、《礼》的记载和公明仪所说的话,说明士人入世做官的强烈愿望;二是关于士人为何不肯轻易为官的问题,孟子以男女结婚成家立业,必须经父母的允许和媒人的介绍作喻,说明士人必须遵循礼义原则去谋求官职。这二个方面综合起来,我们不但可以看出孟子以治国、平天下为己任的自觉的历史责任感和使命感,更可以看出他对高尚独立自主人格的孜孜追求。

【原文】

彭更问曰:"后车数十乘,从者数百人,以传食[1]于诸侯,不以泰[2]乎?"

孟子曰:"非其道,则一箪食不可受于人;如其道，则舜受尧之天下，不以为泰——子以为泰乎？"

曰："否。士无事而食，不可也。"

曰："子不通功易事，以羡补不足[3]，则农有余粟，女有余布；子如通之，则梓匠轮舆[4]皆得食于子。于此有人焉，入则孝，出则悌，守先王之道，以待[5]后之学者，而不得食于子；子何尊梓匠轮舆而轻为仁义者哉？"

曰："梓匠轮舆，其志将以求食也；君子之为道也，其志亦将以求食与？"

曰："子何以其志为哉？其有功于子，可食而食之矣。且子食志乎？食功乎？"

曰："食志。"

曰："有人于此，毁瓦画墁[6]，其志将以求食也，则子食之乎？"

曰："否。"

曰："然则子非食志也，食功也。"

【注释】

〔1〕传食：辗转找饭吃。

〔2〕泰：同"太"。这里有过分的意思。

〔3〕以羡补不足：羡，余、多余的。用多余的来补助不够的。

〔4〕梓匠轮舆：梓，梓人，细木工。匠，匠人，一般木工。轮，轮人，专做车轮的工人。舆，舆人，制造车箱、车体的工人。

〔5〕待：持，扶持、培养。

〔6〕毁瓦画墁（màn）：毁坏屋瓦，乱画粉刷的墙。墁，粉饰墙壁。

【译文】

彭更询问说："带着几十辆随行的车驾，几十名随从人员，轮流吃遍诸侯国，这不是太过分了吗？"

孟子说："如不合道理，哪怕是一筐食物也不能接受别人的；如合道理，舜接受尧的天下，也不过分。你认为过分了吗？"

彭更说："不过分。然而士人不劳而食，太不应该了。"

孟子说："你如果不和人交换劳动产品，以多余的补充不足的，农夫就会

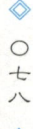

有余粮，妇女就会有多余的布匹；如果互通有无，木工车工就都能够从你那里得到食物了。假定这里有个人，在家孝顺父母，出门尊敬长辈，严格遵守古代圣人学说，以此培养后代的学者，却不能从你那里得到食物。你为什么尊重木工车工，而轻视实行仁义的人呢？"

彭更说："木工车工，他们就是为谋食；君子研究圣人学说，他们也是为谋食吗？"

孟子说："你为什么要追究他们的目的呢？他们对你有功绩，你能给食物就给食物。而且，你是按他们的目的给食物呢？还是按他们的功绩给食物呢？"

彭更说："是按他们的目的给食物。"

孟子说："假定这里有个人，打碎瓦片，在新刷的墙上乱画，他也是为了谋食，你会给他食物吗？"

彭更说："不会。"

孟子说："那么，你就不是按那人行事的目的，而是按功绩给予他人食物了。"

【赏析】

本章是孟子的学生彭更与孟子的对话，辩论的观点是一个人得到人们的供养究竟是在"功"还是在"志"。孟子批判了彭更主张的在"志"不在"功"的观点，孟子认为社会需要分工，并产生劳心与劳力的社会职责。所以，一个人得到人们的供养应在于他的贡献而不在于自己的心愿。

【原文】

万章问曰："宋，小国也；今将行王政，齐、楚恶而伐之，则如之何？"

孟子曰："汤居亳[1]，与葛为邻，葛伯放而不祀。汤使人问之曰：'何为不祀？'曰：'无以供牺牲也。'汤使遗之牛羊。葛伯食之，又不以祀。汤又使人问之曰：'何为不祀？'曰：'无以供粢盛也。'汤使亳众往为之耕，老弱馈食[2]。葛伯率其民，要其有酒食黍稻者夺之，不授者杀之。有童子以黍肉饷，杀而夺之。《书》曰：'葛伯仇饷。'此之谓也。为其杀是童子而征之，四海之内皆曰：'非富天下也，为匹夫匹妇复仇也。''汤始征，自葛载[3]，'十一征而无敌于天下。东面而征，西夷怨；南面而征，北狄怨，曰：'奚为后我？'民之望之，若大旱之望雨也。归市者弗止，芸者不变，诛其君，吊其民，如时雨降。民大悦。《书》曰：'徯我后，后来其无罚！''有攸不惟臣[4]，东征，绥厥[5]士女，匪厥玄黄[6]，绍我周王见休[7]，惟臣附于大邑周。'其君子实玄黄于匪以迎其君子，其小人箪食壶浆以迎其小人；救民于水火之中，取其残而已矣。《太誓》曰：'我武惟扬，侵于之疆[8]，则取于残，杀伐用张，于汤有光。'不行王政云尔。苟行王政，四海之内皆举首而望之，欲以为君；齐楚虽大，何畏焉？"

【注释】

〔1〕亳（bó）：地名，商朝的都城。

〔2〕馈（kuì）食：送饭。

〔3〕载：始、开始。

〔4〕有攸不惟臣：攸，国名。惟，为。意思是攸国不肯臣服。

〔5〕绥（suí）厥：绥，安抚、安定。厥，那、那个、那些。

〔6〕匪（fěi）厥玄黄：匪，筐、篮子。玄，黑色。意思是把黑色、黄色的丝绸放进他们的篮子里。

〔7〕休：美。

〔8〕侵于之疆：于，古国名。意思是侵入于国的疆土。

【译文】

万章问孟子说："宋是个小国家，现在准备实行仁政，齐楚两国因此憎恨它，而出兵攻打，该怎么办呢？"

孟子说："成汤住在亳地，与葛国为邻，葛伯放荡不羁，不举行祭祀。成汤派人问他说：'为什么不祭祀？'葛伯说：'没有祭祀用的牲畜。'成汤派人送牛羊给他。葛伯吃了这些牛羊，根本没用那些牛羊作祭祀。成汤又派人问他说：'为什么不祭祀？'葛伯说：'没有作祭祀用的谷物。'成汤派亳地的民众去替葛国耕种，年老体弱的负责送饭。葛伯却率领他的民众，拦截那些有酒菜好饭的人，强行抢夺，不肯给的就杀他。有个小孩去送饭和肉，葛伯竟然杀了他，抢了他的饭菜。《尚书》上说：'葛伯仇视送饭人。'说的就是这件事。成汤因为葛伯杀了这个小孩而征讨他，天下的人都说：'汤不是贪图天下的财富，是为老百姓报仇。''汤最早的征讨，从葛国开始。'出征11次，天下没有人反抗他。向东出兵征讨，西方的人不高兴；向南出兵征讨，北方的人不高兴。说：'为什么后攻打我们？'民众盼望成汤征讨，就像大干旱时盼望雨水一样。作战时，做买卖的照样做买卖，耕田的照样耕田，成汤杀掉那里的暴君，慰问那里的民众，如及时雨从天而降。民众非常高兴。《尚书》上说：'等待我们的君王，君王来了不再受苦难。'又说：'攸国不肯臣服，周王向东征讨，安抚那里的男女老少，他们也把黑色和黄色的绸帛装满筐子，请求和周王相见，能做大周国的臣民他们倍感荣兴。'攸国的君子以满筐的黑色和黄色的绸帛来迎接周国的君子，小民以竹筐盛饭、壶装酒来迎接周国的小民。周王把民众从水深火热中拯救出来，只是杀掉那残暴的君主。《太誓》上说：'我们的威武要发扬，攻到于国疆土上，杀掉残暴的君王，该杀的都杀光，功绩比成汤还辉煌。'不实行仁政而已，如果实行仁政，全天下的人都抬头盼望，要拥护他为君主。齐国楚国虽然强大，又有什么可怕的呢？"

【赏析】

本章记叙的是万章向孟子请教如何在困难面前实行仁政的事情。孟子并没有直接回答他的问题，而是以宋国的老祖宗商汤王为例，说明只要能行仁政，是不论国家大小的，也不要害怕周围强国的威胁，因为这样做是顺应天意的，会受到老百姓的欢迎。有了民心的支持，还有什么可以害怕呢？

【原文】

孟子谓戴不胜曰："子欲子之王之善与？我明告子。有楚大夫于此，欲其子之齐语也，则使齐人傅诸？使楚人傅诸？"

曰："使齐人傅之。"

曰："一齐人傅之，众楚人咻[1]之，虽日挞而求其齐也，不可得矣；引而置之庄岳[2]之间数年，虽日挞而求其楚，亦不可得矣。子谓薛居州，善士也，使之居于王所。在于王所者，长幼卑尊皆薛居州也，王谁与为不善？在王所者，长幼卑尊皆非薛居州也，王谁与为善？一薛居州，独如宋王何？"

【注释】

〔1〕咻（xiū）：喧哗、吵闹。

〔2〕庄岳：庄，齐国都城临淄的街道名。岳，里名。

【译文】

　　孟子对戴不胜说："你想你的君王向善吗？我可以教你怎么让你的君王向善。譬如这里有个楚国的大夫，希望他的儿子会说齐国话，是找齐国人辅导他呢？还是找楚国人辅导他呢？"

　　戴不胜说："找齐国人辅导他。"

　　孟子说："一个齐国人辅导他，到处都是楚国人的喧哗声，即使每天鞭打他，逼他说齐国话，他也不会说；假如领他到齐国临淄的闹市街道住上几年，即使每天鞭打他，逼他说楚国话，他也不会说。你说薛居州是个好人，要让他住在王宫中。在王宫中的人，如果不论年龄大小、地位高低都是薛居州那样的人，君王和谁做不好事呢？王宫中的人，如果不论年龄大小、地位高低都不是薛居州那样的人，君王和谁做好事呢？一个薛居州，又能把君王怎么样？"

【赏析】

　　本章是孟子与戴不胜的对话，孟子对宋王偃想变好的愿望持悲观态度。他以人学说方言为例，说明环境对一个人的重要性，而宋王偃所居环境恶劣，身边只有一个好人薛居山，而一个薛居山又如何能拯救已被善于阿谀奉承的小人包围住的宋王偃？所以，只有从根本下手，改革政治，清除奸佞之徒，才能唤回宋王偃的良知，从而拯救宋国。

【原文】

　　公孙丑问曰："不见诸侯何义？"

　　孟子曰："古者不为臣不见。段干木逾垣[1]而辟之，泄柳闭门而不内，是皆已甚；迫，斯可以见矣。阳货欲见孔子而恶无礼，大夫有赐于士，不得受于其家，则往拜其门。阳货瞰[2]孔子之亡也，而馈孔子蒸豚；孔子亦瞰其亡也，而往拜之。当是时，阳货先，岂得不见？曾子曰：'胁肩谄笑，病于夏畦[3]。'子路曰：'未同而言，观其色赧赧然[4]，非由之所知也，'由是观之，则君子之所养，可知已矣。"

【注释】

〔1〕逾垣（yuán）：逾，越过、跳过。垣，墙。

〔2〕瞰（kàn）：窥视。

〔3〕胁肩谄笑，病于夏畦（qí）：胁肩，耸起肩膀。谄笑，故意装出笑脸。病于夏畦，比夏天灌园子都累。

〔4〕赧（nǎn）赧然：赧，羞愧脸红的样子。

【译文】

公孙丑询问说："您为什么不主动拜见诸侯？"

孟子说："在古代，不是诸侯的属臣就不拜见。段干木翻越墙垣躲避魏文侯，泄柳关上大门不接待鲁缪公，他们的行为有点出格；迫不得已，还是可以相见的。阳货想要孔子来看望自己，又不愿失礼。大夫赏赐士人，士当时没有在家，不能亲自拜谢，就要去大夫家拜谢。阳货趁孔子外出时，给他送去一头蒸好的小猪；孔子也探听消息，得知阳货不在家，才去拜谢。当时，阳货如果先去访问孔子，孔子哪能不见他？曾子说：'耸着肩膀，强装笑脸以讨好人，比夏天在菜地里干活还要累。'子路说：'没有共同语言却要坐到一起交谈，脸上表现出惭愧的神色，这种人是我看不起的。'由此看来，君子该怎样来培养自己的道德品质已经很清楚了。"

【赏析】

本章是公孙丑与孟子的对话，孟子谈的是士人应当怎样来处理与当权者的关系。孟子对段干木和泄柳拒见国君的做法并不赞成，对阳货逼孔子相见的行为也颇有微词。他认为士人在与当权者交往时，要讲究礼法、保持操守，切勿丧失人格，做有辱士人的事情。

【原文】

　　戴盈之曰："什一，去关市之征，今兹[1]未能，请轻之，以待来年，然后已，何如？"孟子曰："今有人日攘[2]其邻之鸡者，或告之曰：'是非君子之道。'曰：'请损之，月攘一鸡，以待来年，然后已。'如知其非义，斯速已矣，何待来年？"

【注释】

〔1〕兹：年。

〔2〕攘（rǎng）：偷窃。

【译文】

　　戴盈之说："按十分抽一的标准收费，免去关卡和市场上的税收，今年还办不到，请先将税率调低些，等到明年，再实行十分抽一的税率，可以吗？"孟子说："现在有个人，每天偷邻居一只鸡，有人告诉他说：'君子不该做些偷鸡摸狗的事。'偷鸡的人说：'请让我少偷点，每月只偷一只，等到明年，就可以完全不偷。'——如果知道这种行为不合理，就该赶快住手，为什么要等到明年呢？"

【赏析】

　　本章中戴盈之与孟子的对话仍是在劝诫为政者要实行仁政。为政者要心里装着老百姓，要采取"养民"的措施，发展生产、使民富足。而"养民"政策的根本就是免除或减少各种税收。如果宋国这些政治得不到改革，宋国的人民负担也不会减轻。

【原文】

　　公都子曰："外人皆称夫子好辩，敢问何也？"

　　孟子曰："予岂好辩哉？予不得已也。天下之生久矣，一治一乱。当尧之时，水逆行，泛滥于中国，蛇龙居之，民无所定；下者为巢，上者为营窟[1]。《书》曰：'洚水警余[2]。'洚水者，洪水也。使禹治之。禹掘地而注之海，驱蛇龙而放之菹[3]；水由地中行，江、淮、河、汉是也。险阻既远，鸟兽之害人者消，然后人得平土而居之。

"尧舜既没。圣人之道衰，暴君代作，坏宫室以为污池，民无所安息；弃田以为园囿，使民不得衣食；邪说暴行又作，园囿、污池、沛泽多而禽兽至。及纣之身，天下又大乱。周公相武王诛纣，伐奄三年讨其君，驱飞廉于海隅而戮之[4]，灭国者五十，驱虎、豹、犀、象而远之，天下大悦。《书》曰：'丕显哉，文王谟！丕承者，武王烈！佑启我后人，咸以正无缺[5]。'

"世衰道微，邪说暴行有作，臣弑其君者有之，子弑其父者有之。孔子惧，作《春秋》。《春秋》天子之事也。是故孔子曰：'知我者其惟《春秋》乎！罪我者其惟《春秋》乎！'

"圣王不作，诸侯放恣，处士[6]横议，杨朱、墨翟[7]之言盈天下。天下之言不归杨，则归墨。杨氏为我，是无君也；墨氏兼爱，是无父也。无父无君，是禽兽也。公明仪曰：'庖有肥肉，厩有肥马；民有饥色，野有饿莩，此率兽而食人也。'杨墨之道不息，孔子之道不著，是邪说诬民，充塞仁义也。仁义充塞，则率兽食人，人将相食。吾为此惧，闲[8]先圣之道，距杨墨，放淫辞，邪说者不得作。作于其心，害于其事；作于其事，害于其政。圣人复起，不易吾言矣。

"昔者禹抑洪水而天下平，周公兼夷狄，驱猛兽而百姓宁，孔子成《春秋》，而乱臣贼子惧。《诗》云：'戎狄是膺，荆舒是惩，则莫我敢承[9]。'无父无君，是周公所膺也。我亦欲正人心，息邪说，距诐行，放淫辞，以承三圣者；岂好辩哉？予不得已也。能言距杨墨者，圣人之徒也。"

【注释】

〔1〕营窟：相连的洞穴。

〔2〕洚（hóng，又读jiàng）水警余：洚，通"洪"，洪水。警余，警告我们。

〔3〕菹（zū）：多水草的沼泽。

〔4〕戮（lù）：杀。

〔5〕正无缺：完美无缺。

〔6〕处士：不做官而在家隐居的才德贤士。

〔7〕墨翟（dí）：姓墨名翟，鲁国人。墨家学派创始人。

〔8〕闲：防卫、捍卫。

〔9〕承：抵挡、抗拒。

【译文】

公都子说："别人都说先生喜欢辩论，我想冒昧地问一下，您为什么喜欢辩论呢？"

孟子说："我哪里喜欢辩论呢？我是不得已才辩论的。世界的存在已经很久了，太平一阵，动荡一阵。在尧那个时代，洪水四溢，中原地区经常闹水灾。大地成为蛟龙的栖息地，民众没有安身之处。住在低地的人在树上搭巢，住在高地的人相连筑洞。《尚书》说：'洚水警戒我们。'洚水，就是没有边际的洪水。舜命令禹来治理它，禹疏通河道，使洪水注入大海，把蛟龙赶到草泽里。水顺着河道流动，长江、淮河、黄河、汉水便是这样。险阻已被排除，害人的鸟兽消失了，人们才得以在平原上居住。

"尧舜死后，圣人的仁政不再盛行。各朝各代都有暴君，毁坏住宅来做深池，使民众没有地方歇息；毁农田建园林，使民众得不到衣服食物。荒谬的学说、暴虐的行为又兴起，园林、深池、草泽多起来，禽兽纷纷涌出。等到商纣王当政时，天下又大乱。周公辅佐武王，诛杀商纣王，又征伐奄国，3年后杀了奄国君主，把飞廉赶到海边，并杀了他。灭亡的国家共50个，把虎、豹、犀、象驱赶到远方，天下百姓非常高兴。《尚书》上说：'多么光明啊，文王的谋略！多么伟大啊，武王的功烈！佑助、启迪我们后辈子孙，使大家都行正道而没有缺点。'

"世风日下，道义微弱，荒谬的学说、暴虐的行为又兴起，臣杀君，子杀父。孔子深为忧虑，写出了《春秋》。《春秋》这部书，是有关天子的事情。所以孔子说：'人们通过《春秋》大概能了解我；但要指责我，也

是因为这部《春秋》！'

　　"圣明的君王不再出现，诸侯恣意妄
为，当政人士乱发议论，杨朱、墨翟的
学说流行天下。天下的言论，不属于
杨朱一派，就属于墨翟一派。杨朱主
张一切为自己，这是目无君主；墨翟
主张博爱，这是目无尊长。目无尊
长，这简直是禽兽。公明仪说：'厨房

里有肥肉，马厩里有肥马，民众面有饥色，野外躺着饿死的人，这是率领
禽兽来吃人。'不消灭杨朱、墨翟的学说，不能光大孔子的学说，这是荒谬
的学说，欺骗民众，堵塞了仁义的道路。仁义的道路被堵塞，就等于率领
禽兽来吃人，人与人也将互相吞食。我为此深为忧虑，捍卫前代圣人的学
说，反对杨朱、墨翟，驳斥错误的言论，使荒谬的学说不能抬头。谬论出
现在心中，就会危害政事；谬论体现在政事中，就会对国政构成危胁。即
使圣人再出现，也不会否定我的话。

　　"从前，禹制服洪水而使天下太平，周公兼并夷狄，驱走猛兽而使百姓安
宁，孔子写成《春秋》使得叛乱之臣、不孝之子心中畏惧。《诗经》上说：'痛
击北狄和西戎，严惩荆舒使知痛，谁人胆敢撄我锋。'目无父君，是周公所
要惩罚的。我也想端正人心，铲除荒谬的学说，反对过激的行为，驳斥错误
的言论，以此继承三位圣人的遗志。我哪里喜欢辩论呢？我是不得已才辩论
的。能够用言论来反对杨朱、墨翟的人，是圣人的门徒。"

【赏析】

　　本章是公都子与老师孟子的对话，孟子说不是自己好辩论，只不过是不得
已时的挺身而出罢了。孟子综合古今历史作了概括性的论断，即"一治一乱"。
孟子认为尧舜时与自然的斗争是第一阶段；武王伐纣时与商纣暴君斗争的是第
二阶段；东周孔子作《春秋》正伦理纲常，是第三阶段；孟子力辟邪说，对抗
时代思潮，弘扬儒学是第四阶段。所以孟子好辩的理论依据就是宣扬自己的学
说，打击其他各学派的观点。

【原文】

　　　　　匡章曰："陈仲子岂不诚廉士哉？居於陵[1]，三日
不食，耳无闻，目无见也。井上有李，螬[2]食实者过
半矣，匍匐往将食之[3]。三咽，然后耳有闻，目有见。"

孟子曰："于齐国之士，吾必以仲子为巨擘[4]焉。虽然，仲子恶能廉？充仲子之操，则蚓而后可者也。夫蚓，上食槁壤，下饮黄泉。仲子所居之室，伯夷之所筑与？抑亦盗跖[5]之所筑与？所食之粟，伯夷之所树与？抑亦盗跖之所树与？是未可知也。"

曰："是何伤哉？彼身织屦，妻辟纑，以易之也。"

曰："仲子，齐之世家也；兄戴，盖[6]禄万钟，以兄之禄为不义之禄而不食也，以兄之室为不义之室而不居也，辟兄离母，处于於陵。他日归，则有馈其兄生鹅者，已频顣[7]曰：'恶用是鶃鶃[8]者为哉？'他日，其母杀是鹅也，与之食之。其兄自外至，曰：'是鶃鶃之肉也。'出而哇之。以母则不食，以妻则食之；以兄之室则弗居，以於陵则居之，是尚为能充其类也乎？若仲子者，蚓而后充其操者也。"

【注释】
〔1〕居於（wū）陵：住在於陵。於陵，地名。
〔2〕蜻（cáo）：蛴螬，金龟子的幼虫。
〔3〕将食之：将，拿、取。食之，吃了它（李子）。
〔4〕巨擘（bò）：擘，大拇指，比喻杰出的人物。
〔5〕盗跖（zhí）：春秋时期有名的大盗，柳下惠的弟弟。
〔6〕盖（gě）：地名，陈仲子的哥哥陈戴的封邑。
〔7〕频顣（cù）：顣，同"蹙"。意思是皱眉蹙额，不愉快的样子。
〔8〕鶃鶃（yìyì）：鹅叫声。

【译文】

匡章说："陈仲子难道不是一个真正廉洁的人吗？他住在於陵，三天没吃没喝，耳朵听不见，眼睛看不见。井上有李子，已经被虫子蛀食了一大半，他爬过去，取来吃了。吃了三口，然后才恢复了听觉和视觉。"孟子说："在齐国众多人士中，我最看重陈仲子。即便如此，仲子怎能算廉洁的人呢？推广仲子的节操，人只有变成蚯蚓后才能办到。蚯蚓，吃地面上干枯的泥土，喝地下泉水。仲子所住的房子，是伯夷那样的人建造的呢？还是盗跖那样的人建造的呢？他所吃的谷粟，是伯夷那样的人耕种的呢？还是盗跖那样的人耕种的呢？尚未有人知道。"

匡章说："这有什么关系呢？他亲自编织草鞋，妻子织麻漂布，用劳动所得去交换谷粟。"

孟子说："陈仲子是齐国的世家大族。哥哥陈戴，从盖邑收入的俸禄有1万钟。他认为哥哥的俸禄是不义之禄而不肯享用，认为哥哥的房子是不义之室而不肯住，避开哥哥，离开母亲，住在於陵。有一天他回家，恰恰有人送给他哥哥一只活鹅，他皱着眉头说：'要这种嘎嘎叫的东西有什么用？'过了一段时间，他的母亲杀了这只鹅，把鹅肉给他吃。他的哥哥从外面回来，说：'这就是那只鹅的肉。'他跑出去把吃进去的东西都吐出来了。不吃母亲做的食物，却吃妻子做的；哥哥的房子不住，於陵的房子却住。这还称得上是推广廉洁操守的典型吗？像仲子这样的人，只有把人变成蚯蚓后才能推广他的节操。"

【赏析】

本章孟子批评了陈仲子所谓的讲道义、有操守，认为人们因为他的小操守就相信他的大操守是不对的。陈仲子离群索居、特立独立，并不是廉洁之士。他只顾个人，不顾兄弟、国家是很自私的，是不能与那些为国为民、鞠躬尽瘁、死而后已的人相提并论的。论证了后者才是士人应有的大操守。

离 娄 上

【原文】

孟子曰："离娄[1]之明、公输子[2]之巧，不以规矩，不能成方圆；师旷[3]之聪，不以六律[4]，不能正五音[5]；尧舜之道，不以仁政，不能平治天下。今有仁心仁闻而民不被其泽，不可法于后世者，不行先王之道也。故曰，徒善不足以为政，徒法不能以自行。《诗》云：'不愆不忘，率由旧章[6]。'遵先王之法者而过者，未之有也。圣人既竭目力焉，继之以规

矩准绳，以为方圆平直，不可胜用也；既竭耳力焉，继之以六律正五音，不可胜用也；既竭心思焉，继之以不忍人之政，而仁覆天下矣。故曰，为高必因丘陵，为下必因川泽；为政不因先王之道，可谓智乎？是以惟仁者宜在高位。不仁而在高位，是播其恶于众也。上无道揆[7]也，下无法守也，朝不信道，工不信度[8]，君子犯义，小人犯刑，国之所存者幸也。故曰，城郭不完，兵甲不多，非国之灾也；田野不辟，货财不聚，非国之害也。上无礼，下无学，贼民兴，丧无日矣。《诗》曰：'天之方蹶，无然泄泄[9]。'泄泄犹沓沓也。事君无义，进退无礼，言则非先王之道者，犹沓沓也。故曰，责难于君谓之恭，陈善闭邪[10]谓之敬，吾君不能谓之贼。"

【译文】

孟子说："即使有离娄那样的眼力，公输班那样的技巧，如果不使用圆规和曲尺，也划不出标准的方形和圆形；即使有师旷那样的听力，如果不借助六律，也不能校正出五音；即使有了尧、舜那样的政治素质，如果不施行仁政，也不能管理好天下。现在有的诸侯虽然有仁爱之心和爱人的声誉，但老百姓并没有感受到他给百姓带来的好处，他施政不能成为后代效法的榜样，因为他没有实行前代圣王之道。所以说，只有好的愿望还不足以治理好天下，有好的政策也不一定就能够实行。《诗经》说：

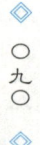

○九○

'不要偏离不要遗忘，一切都要遵循原有的规章。'
遵循前代圣王的法则从未出过错。圣人已用
尽了眼力，又使用圆规、曲尺、水准器、绳
墨，制造出方的、圆的、平的、直的各种器
具，那些东西就用之不尽了；圣人已用尽
了听力，又用六律来校正五音，各种音
阶就用之不尽了；圣人已绞尽脑汁，又
施行仁政，那么仁爱便可遍行天下。所
以说，筑高台必须要依靠丘陵，挖深池必须
要凭借川泽。治理天下不根据前代圣王之道，能说是明智吗？因此只有
仁人才配担当领导地位。不仁的人如果处于统治地位，就会把他的罪恶
传播给广大群众。在上的没有道德准则，在下的没有法规制度，朝廷不
相信道义，百姓不相信法度，君子触犯了义理，小人触犯了刑法，国家
还能生存下去简直太幸运了。所以说，城墙不坚固，军备不充足，不足
以危害国家；田地不开辟，物资不富裕，不足以危害国家。如果在上的
缺乏礼义，在下的缺乏教育，各处豪强纷纷反叛，国家离灭亡不远了。
《诗经》说：'上天正要降下动乱，不要这样饶舌多言。'饶舌多言就是啰
唆。事君没有义，进退没有礼，一说话便诋毁前代圣王之道，这就是啰
唆。所以说，要求君主行仁政称得上'恭'，向君主陈述善事以抑制他的
邪念称得上'敬'，如果认为君主不能行仁为善，这就是'贼'。"

【赏析】

在本章中孟子强调了两方面的内容，一是统治者治理国家要效法先王的仁
义之道，要将爱人之心和法度结合起来，孟子认为只有这样才能维持社会生活
的协调。二是论述了君臣应履行的责任，即君主应该实行仁政，坚信理义，为
万民做出表率；臣子应该以礼义事奉君主，用仁义匡正君主，从而使君主推行
圣王之道。其中"无规矩不成方圆"这句话，被流传下来并加以广泛运用，意
思是说干任何事情都要按一定的规矩、准则来办。

【原文】

孟子曰："规矩，方员之至[1]也；圣人，人伦之
至也。欲为君，尽君道；欲为臣，尽臣道。二者皆法
尧舜而已矣。不以舜之所以事尧事君，不敬其君者
也；不以尧之所以治国治民，贼其民者也。孔子曰：

'道二，仁与不仁而已矣。'暴其民甚^[2]则身弑国亡；不甚，则身危国削，名之曰'幽'、'厉'^[3]，虽孝子慈孙，百世不能改也。《诗》云：'殷鉴不远，在夏后之世^[4]。'此之谓也。"

【译文】

孟子说："圆规和曲尺是方圆的标准，圣人是做人的标准。要当君主，必须奉行君主之道；要当臣子，必须尽臣子之责。这两者只要都效法尧和舜就行了。不用舜侍奉尧的态度来侍奉君主，就是对君主的不恭敬；不用尧治理百姓的态度来治理百姓，就是残害百姓。孔子说：'治理国家的方法有两种，就是实行仁政和不实行仁政。'对百姓太残暴，就要身死国亡；太软弱，就要任人摆布，让人削弱国家政权。死后的谥号也只能叫'幽'、'厉'之类的恶名，即使有孝子慈孙，经历百代也更改不了。《诗经》说：'殷商可以借鉴的教训并不远，这就是前一代的夏朝。'说的正是这个意思。"

【赏析】

在本章中，孟子运用了两组对偶句式，强调了圣人是做人的标准以及效法尧舜的重要性。不仅从正面阐述了君臣要以尧舜为榜样，更从反面指出了不效法尧舜的危害，突出地表现了孟子借鉴历史经验教训的思想。这一思想不仅在当时具有重要的意义，而且对后世也产生了积极影响。

【原文】

孟子曰："不仁者可与言哉？安其危而利其灾，乐其所以亡者。不仁而可与言，则何亡国败家之有？有孺子歌曰：'沧浪^[1]之水清兮，可以濯我缨^[2]；沧

浪之水浊兮，可以濯我足。'孔子曰：'小子听之！清
斯濯缨，浊斯濯足矣。自取之也。'夫人必自侮，然
后人侮之；家必自毁，而后人毁之；国必自伐，而后
人伐之。《太甲》曰：'天作孽，犹可违；自作孽，不
可活[3]。'此之谓也。"

【注释】

〔1〕沧浪：译作河水名、地名或颜色，都行。

〔2〕缨：帽缨，即系帽子的丝带。

〔3〕活：这里意思是"逃"。"不可活"，即逃不脱。

【译文】

    孟子说："难道可以和不仁的人讨论问题吗？
这些人看到别人有危险而无动于衷，发国难财或
是在人贫困时借机取利，把导致国家灭亡的事当
乐趣。如果可以和不仁的人讨论问题，那怎么会发
生家败国亡的事情呢？有小孩子歌唱说：'沧浪的
水多么清呀，可以洗我的帽缨；沧浪的水多么浑浊
呀，可以洗我的脚。'孔子说：'学生们听好啊！水清
就洗帽缨，水浑浊就洗脚，这是水本身所决定的。'所
以人一定先有自招侮辱的行为，然后别人才会侮辱他；
家一定先有自己破败的原因，然后别人才会搞垮它；国一
定先有自取讨伐的理由，然后别人才会攻打它。《尚书·太
甲篇》说：'上天造的孽，还可以躲避；自己造的孽，逃也逃不掉。'说的正是
这个意思。"

【赏析】

    本章中作者采用了先疑后诀的方法，首先提出问题以引起读者的警觉，接
着又引用了具有对偶句式的童谣，通过沧浪河水清澈与混浊的对比，说明人被
尊崇或轻贱皆是由本身的善恶造成的，从而引申说明了人的安危、家庭的祸
福、国家的存亡都是自身的原因造成的。

【原文】

孟子曰："桀纣之失天下也，失其民也；失其民

者，失其心也。得天下有道：得其民，斯得天下矣；得其民有道：得其心，斯得民矣；得其心有道：所欲与之聚之，所恶勿施，尔也。民之归仁也，犹水之就下、兽之走圹[1]也。故为渊驱鱼者，獭也；为丛驱爵[2]者，鹯[3]也；为汤武驱民者，桀与纣也。今天下之君有好仁者，则诸侯皆为之驱矣。虽欲无王，不可得已。今之欲王者，犹七年之病求三年之艾[4]也。苟为不畜，终身不得。苟不志于仁，终身忧辱，以陷于死亡。《诗》云：'其何能淑，载胥及溺。'[5]此之谓也。"

【注释】

〔1〕圹：同"旷"，旷野。

〔2〕爵：通"雀"。

〔3〕鹯（zhān）：一种鹰类猛禽，像鹞鹰。

〔4〕艾：一种草本植物。草叶干燥后搓成绒，可用来灸病。

〔5〕其何能淑，载胥及溺：淑，善、好。载，则、就。胥，相、互相、一起。溺，溺水、淹死。两句的意思是，那怎么能办好，不过是一起落水淹死罢了。

【译文】

孟子说："夏桀和商纣之所以丢了江山，是因为百姓不再支持他们了；百姓之所以不再拥戴他们，是因为失去了民心。要获得天下的办法是：获得百姓的支持，就能享有天下；要获得百姓支持的办法是：获得民心，就获得百姓的支持了；要获得民心的办法是：满足百姓的需求，不勉强他们做他们不想做的事。百姓归附仁德，就好比水向下流，兽向旷野奔跑一样。所以把鱼赶进深池的是水獭；把鸟雀赶进树林的是鹞鹰；替商汤和周武王把百姓驱赶来的是夏桀和商纣。如今天下的君主有好仁德的人，那么别的诸侯就会把百姓送到他身边。即使他不想统一天下都不行。现在这些希望统一天下的人，好像要用3年的陈艾治愈7年的病一样。如果平常不积德，一辈子也不能如愿。如果不下决心立志实行仁政，一辈子都要经受忧辱，以致陷入死亡的境地。《诗经》说：'这样能把事情办好吗，到最后还不是一起坠入无底的深渊。'说的正是这个意思。"

【赏析】

　　本章孟子开篇就用了正反对比的方法，以夏桀、商纣实行暴政而使人民归附于商汤、周武王的事例来说明，取得民心关系到天下的得失和国家的兴亡，即指出民心向背决定天下政权的得失。孟子的这一做法无疑是将西周、春秋以来民惟邦本的思想发展到前所末有的高度，充分肯定了人民在社会政治生活中的重要作用，从而具有积极的进步意义。

【原文】

　　　　　孟子曰："求也为季氏宰[1]，无能改于其德，而赋粟倍他日。孔子曰：'求非我徒也，小子鸣鼓而攻之可也。'由此观之，君不行仁政而富之，皆弃于孔子者也，况于为之强战？争地以战，杀人盈野；争城以战，杀人盈城，此所谓率土地而食人肉，罪不容于死。故善战者服上刑[2]，连诸侯[3]者次之，辟草莱、任土地[4]者次之。"

【注释】

　〔1〕宰：总管。这里指孔子的学生冉求，在季氏家做总管。
　〔2〕服上刑：服，服刑、受罚。上刑，最重的刑。
　〔3〕连诸侯：连结诸侯。指合纵或连横。
　〔4〕辟草莱、任土地：辟，开辟、开垦。草莱，荒地。任，负担。任土地，是指负担耕稼的责任。

【译文】

　　孟子说："冉求给季康子当总管，不仅没能改变季康子的德行，反而使税粮比原来多了一倍。孔子说：'冉求不配作我的学生，你们可以大张旗鼓地声讨他。'从这里可以看出，帮助那些不行仁政的君主聚敛财富的人，都是被孔子所唾弃的，更何况是替那不实行仁政的君主去卖力攻城掠地的人呢？为争夺土地而战，尸横遍野；为争夺城池而战，城里血流成河，这就是所谓为争夺土地而杀人，即使判处死刑也抵偿不了他们的罪过。所以好战的人应该判最重的刑罚，以连横合纵怂恿诸侯打仗的人应该判轻一点的刑罚，对开垦草莽强制百姓耕种土地的人应该判再轻些的刑罚。"

冉　求

孟　子

在本章中，孟子强烈地斥责了那些帮助君主暴敛财富的臣子，借以表达他反对法家提倡的那种以农战来达到富国强兵的主张。孟子一向反对以战争的形式去兼并土地，统一天下，这表达了其对劳动人民苦难的深深同情，以及其政治主张所表现出来的人民性。

离 娄 下

【原文】

　　孟子曰："舜生于诸冯，迁于负夏，卒于鸣条〔1〕，东夷之人也。文王生于岐周〔2〕，卒于毕郢〔3〕，西夷之人也。地之相去也，千有余里；世之相后也，千有余岁。得志行乎中国，若合符节〔4〕，先圣后圣，其揆一也。"

【注释】

　　〔1〕诸冯、负夏、鸣条：古代东方三个地名，确切地点不详。
　　〔2〕岐周：岐山下的周代旧邑。在今陕西省岐山县境内，周建国于此，故称。
　　〔3〕毕郢：地名。
　　〔4〕符节：古代表示印信的两种物件，用玉、角、铜、竹等制成，形状与用途各异。同时，发放者和持有者各拿一半，如符、节的两半吻合，就证明无误。

【译文】

　　孟子说："舜出生在诸冯，迁居到负夏，最后死在鸣条，是东方人。周文王出生在岐周，最后死在毕郢，是西方人。他们所处之地相距1000多里；前后相隔1000多年。他们在中国实现自己的志向，就像符节一样惊人地相似，前代的圣君和后代的圣君，他们所奉行的办事标准都是一样的。"

【赏析】

　　在本章中，孟子为了论证用仁义治国、平天下的理想，他以舜、文王为例，指出他们虽然相距千里，处于不同时代，但都遵循仁义之道，从而成为后世效法的榜样。强调了仁义是不会因地域、时代的不同而有所差别的，是圣人治理天下，安定天下的根本。本章的阐述既表现了圣人是后人的楷模，又表现了孟子对仁义坚定不移的信念。

【原文】

　　子产[1]听郑国之政，以其乘舆[2]济人于溱、洧[3]。孟子曰："惠而不知为政。岁十一月，徒杠[4]成；十二月，舆梁[5]成，民未病涉也。君子平其政，行辟[6]人可也，焉得人人而济之？故为政者，每人而悦之，日亦不足矣。"

【注释】

〔1〕子产：即公孙侨。春秋时期郑国的贤相。
〔2〕乘舆：所乘的车子。
〔3〕溱洧（zhēn wěi）：发源于河南的两条河名。
〔4〕徒杠（gāng）：可走人的小桥。
〔5〕舆梁：可容大车通过的桥梁。
〔6〕行辟：辟，开道，让行人回避，意思是外出时鸣锣开道。

【译文】

　　子产主持郑国的大政，用他所乘的车子帮助别人渡过溱水和洧水。孟子说："这只是小恩小惠，他并不懂得政治。如果在11月修成能走人的桥；在12月修成能走车的桥，百姓就不会再为渡河的事发愁了。君子只要把政治搞好，他外出时，鸣锣开道都可以，哪里用得着——把别人都渡过河去呢？如果搞政治的人，要受每个人吹迎，时间就太不够用了。"

【赏析】

　　本章孟子通过评论子产用车辆帮人渡河的事，突出强调治理国家要掌握关键，即施行仁义这一根本。他认为，治理国家如果只施行小恩小惠而不掌握关键，就会穷于应付而时间不足。事实证明，如果放弃根本和关键，只会是事倍功半；反之，如果抓住了主要矛盾、根本源头，自然能够省心省力，事半功倍。

【原文】

　　孟子告齐宣王曰："君之视臣如手足，则臣视君如腹心；君之视臣如犬马，则臣视君如国人；君之视臣如土芥，则臣视君如寇仇。"

王曰："礼，为旧君有服[1]，何如斯可为服矣？"

曰："谏行言听，膏泽下于民；有故而去，则君使人导之出疆，又先于其所往；去三年不反，然后收其田里。此之谓三有礼焉。如此，则为之服矣。今也为臣，谏则不行，言则不听；膏泽不下于民；有故而去，则君搏执之，又极之于其所往；去之日，遂收其田里。此之谓寇仇。寇仇，何服之有？"

【译文】

孟子告诉齐宣王说："君主视臣子为手足，臣子就会把君主看作是自己的腹心；君主把臣子看作是狗马，臣子就会把君主看作是普通人；君主把臣子视如粪土，臣子就会把君主视为仇敌。"

齐宣王说："根据礼制规定，已经离了职的臣子还必须为以前侍奉过的君主服孝，君主该怎样做才能让臣子为他服孝呢？"

孟子说："君主接受臣子的好意见，向天下百姓广施恩惠，为民造福；有事故需要离开的，君主能派人引导他们出国境，并且先安排人到他们要去的地方为其安排好相关事宜；离开了3年还没有回来，才收回他们的田地房产。这叫作三有礼。这样做，臣子就会为他服孝。如今当臣子的，得不到天子的信用，好的建议不被天子采纳，恩惠施不到普通老百姓那里；有事故需要离开的，君主就把他们捆绑起来，又在他们要去的地方制造各种障碍让他们穷困；刚离开的那天，就没收他们的田地房产，这叫作仇敌。既然天子将他的臣子视若仇敌，臣子为什么还要为他服孝呢？"

【赏析】

本章是孟子针对齐宣王对待臣下恩礼衰薄的状况而提出的一番规劝。其中

"手足"与"腹心"、"犬马"与"国人"、"士芥"与"寇仇"这三对比喻，形象生动地说明了君臣之间相对待的关系，只有国君对臣子仁至义尽，臣子才会对国君尽心竭力，君臣之间就是上行下效、相互作用的因果关系。

【原文】

徐子曰："仲尼亟称于水，曰：'水哉，水哉！'何取于水也？"

孟子曰："源泉混混[1]，不舍昼夜，盈科[2]而后进，放乎四海。有本者如是，是之取尔[3]。苟为无本，七八月之间雨集，沟浍皆盈；其涸也，可立而待也。故声闻[4]过情，君子耻之。"

【注释】

〔1〕混混：混，古音读如"滚"，混混即滚滚，水流很大的样子。
〔2〕盈科：盈，充满、灌满。科，坑、坎。
〔3〕是之取耳："取是尔"的倒装句。耳，而已。意思是，拿这个罢了。
〔4〕声闻：声誉、名誉。

【译文】

徐子问："孔子多次称赞水，说：'水啊，水啊！'他认为水有什么可取之处呢？"

孟子回答说："有源的泉水滚滚往下流，夜以继日，把低洼的地方灌满，又继续向前，一直流到大海。有源的都是这样，孔子就欣赏它这一点。如果没有源头，到七、八月间雨水多，把大小沟渠都灌满了；但它们很快就会干枯。所以君子认为名实不符是耻辱的事。"

【赏析】

本章孟子以水作喻，说明水有了本源就不会枯竭，就会涌流不尽，目的在于告诫人们：要加强个人修养，做名实相符的人，如果名声超过了实情，就会如雨水一般很快干涸，不会长久。这就从一个方面表现了孟子名实相符的求实精神。

【原文】

逢蒙[1]学射于羿[2]，尽羿之道，思天下惟羿为愈己，于是杀羿。孟子曰："是亦羿有罪焉？"

公明仪曰："宜若无罪焉。"

曰："薄乎云尔，恶得无罪？郑人使子濯孺子侵卫，卫使庾公之斯追之。子濯孺子曰：'今日我疾作，不可以执弓，吾死矣夫！'问其仆曰：'追我者谁也？'其仆曰：'庾公之斯也。'曰：'吾生矣。'其仆曰：'庾公之斯也，卫之善射者也；夫子曰吾生，何谓也？'曰：'庾公之斯学射于尹公之他，尹公之他学射于我。夫伊公之他，端人也，其取友必端矣。'庾公之斯至，曰：'夫子何为不执弓？'曰：'今日我疾作，不可以执弓。'曰：'小人学射于尹公之他，尹公之他学射于夫子。我不忍以夫子之道反害夫子。虽然，今日之事，君事也，我不敢废。'抽矢，扣轮，去其金，发乘矢[3] 而后反。"

【注释】

〔1〕逢（péng）蒙：逢又音庞。古代善于射箭的人，后羿的学生。

〔2〕羿：夏代有穷国国君，善射，传说后羿射九日。

〔3〕乘矢：乘，一辆车。古代一车四匹马来拉，所以乘引申为四。乘矢，四支箭。

【译文】

从前逢蒙向后羿学射箭，完全学会了后羿的技巧，他想天下的人只有羿射箭比自己强，因此把后羿杀死了。孟子说："这里也有羿的错。"

公明仪说："后羿似乎没什么错吧！"

孟子说："只是错不大罢了，怎么能说他一点没错呢？郑国派子濯孺子侵犯卫国，卫国派庾公之斯追击他。子濯孺子说：'今天我的病发作了，拉不了弓，我的死期到了。'问他的驾车人说：'追我的人是谁啊？'驾车人回答说：'是庾公之斯。'子濯孺子说：'我不会死了。'驾车人问：'庾公之斯是卫国有名的射手，您认为他不会射中您，这是什么原因啊？'子濯孺子回答说：'庾公之斯跟尹公之他学习射箭，尹公之他是我的学生。尹公之他是个正派人，他选择的学生、朋友也一定很正派。'庾公之斯追到跟前，问：'您为什么不拿弓？'子濯孺子回答说：'今天我的病发作了，不能够拿

孟

子

一〇〇

弓。'庚公之斯说：'我跟尹公之他学习射箭，尹公之他是跟您学习射箭的。我不忍心用您传授的技巧反过来伤害您。但是，今天的事是国家的公事，我不敢完全废弃不顾。'于是抽出了箭，在车轮上敲打，把箭头去掉，放了四箭就回去了。"

【赏析】

　　本章作者通过逢蒙与后羿、庚公之斯与子濯孺子两则故事说明，同样的师徒却有不一样的结局，其原因在于自身。通过这两则故事来告诫世人：结交朋友必须慎重，选择正派而又讲信义的人，就能在危急的时刻保住自己；反之，就会遭受祸患。

【原文】

　　　　孟子曰："君子所以异于人者，以其存心也。君子以仁存心，以礼存心。仁者爱人，有礼者敬人。爱人者，人恒爱之；敬人者，人恒敬之。有人于此，其待我以横逆[1]，则君子必自反也：我必不仁也，必无礼也，此物奚宜[2]至哉？其自反而仁矣，自反而有礼矣，其横逆由是也，君子必自反也，我必不忠。自反而忠矣，其横逆由是也，君子曰：'此亦妄人也已矣。如此，则与禽兽奚择[3]哉？于禽兽又何难[4]焉？'是故君子有终身之忧，无一朝之患也。乃若所忧则有之：舜，人也；我，亦人也。舜为法于天下，可传于后世，我由未免为乡人也，是则可忧也。忧之如何？如舜而已矣。若夫君子所患则亡矣。非仁无为也，非礼无行也。如有一朝之患，则君子不患矣。"

【注释】

　〔1〕横（hèng）逆：强暴不讲道理。

　〔2〕奚宜：奚，为何、为什么。宜，恰好、正好。

　〔3〕奚择：择，异。奚择，何异。

　〔4〕难：责难。

　　孟子说:"君子和普通人的区别在于居心。君子居心在于仁,在于礼。有仁的人爱别人,有礼的人敬重别人。爱别人的人常常被人爱,敬重别人的人常常被人敬重。假如这里有个人,他对我蛮横无理,那么君子必然会反躬自问:一定是我对人不好,怠慢了他,不然,他怎么会用那种态度对待我呢? 君子反躬自问达到仁,尽到礼,那人依然蛮横无理,君子必然会再一次反躬自问:我一定不忠。君子反躬自问做到忠,那人还是蛮横无理,君子就会说:'这个人真是狂妄无知啊。这个样子,与禽兽有什么区别呢? 对禽兽用得着求全责备吗?'所以君子有长期的忧虑,而没有突然的痛苦。这样的忧虑是有的:舜是人,我也是人。舜为天下作了榜样,流芳百世,我仍不免是一个普通人,这才是值得忧虑的事。忧虑了又该怎么办呢? 像舜一样去做就行了。至于别的痛苦君子就没有了。不仁的事不去做,无礼的事不要干。一旦遭受挫折,君子也不会发愁了。"

【赏析】

　　孟子本身就是一位十分重视个人道德修养的人,并且把个人修养作为齐家、治国、平天下的前提与基础,在本章中我们就可以看出他对个人修养的极端重视。

　　他通过论述君子与普通人的区别在于能省察自己、保存善心,从而进一步阐明自我省察的严格的过程,说明只有循蹈仁礼,效法圣贤才能自得其乐,问心无愧,从而无所畏惧,免除灾祸。孟子自我省察的精神体现了中华民族严以责己,追求高尚道德精神境界的优良传统,对激励人们自我反省,自我认识具有积极的作用。

【原文】

　　齐人有一妻一妾而处室者,其良人[1]出,则必餍[2]酒肉而后反。其妻问所与饮食者,则尽富贵也。其妻告其妾曰:"良人出,则必餍酒肉而后反;问其与饮食者,尽富贵也,而未尝有显者来,吾将瞯良人之所之也。"

　　早起,施[3]从良人之所之,遍国中无与立谈者。卒之东郭墦间[4],之祭者,乞其余;不足,又顾而之他。此其为餍足之道也。

其妻归，告其妾，曰："良人者，所仰望而终身也，今若此！"与其妾讪其良人，而相泣于中庭，而良人未之知也，施施[5]从外来，骄其妻妾。

由君子观之，则人之所以求富贵利达者，其妻妾不羞也，而不相泣者，几希矣[6]。

【注释】

〔1〕良人：古代妇女称丈夫叫良人。

〔2〕餍：吃饱。

〔3〕施（yí）：尾随。

〔4〕墦（fán）间：墦，坟地。

〔5〕施施（yí yí）：喜悦自得的样子。

〔6〕几奚矣：几奚，很少。矣，语气词。几奚矣，很少了。

【译文】

齐国有一个人，家里有一妻一妾。丈夫每次出外，总是酒足饭饱才回家。他妻子问他一起吃喝的是些什么人，他骗妻子说和自己交游的都是富贵体面的人。他妻子告诉妾说："丈夫外出，总是酒足饭饱了才回家；问他一起吃喝的是些什么人，他说都是富贵体面的人，可是从来没有见过有什么显要人物到我们家里来，我打算跟踪他查查他的底细。"

第二天清早起来后，她悄悄地跟在丈夫后面，走遍城里没见一个人和她丈夫打招呼。后来到了东郊的坟地，她丈夫便向祭扫坟墓的人乞讨一点残酒剩菜；还没有吃饱，又东张西望地到别处去乞讨，他就是这样使自己酒足饭饱的。

他妻子回到家，便把这情况告诉妾，说："丈夫，是我们寄予希望并终身依靠的人，没想到他竟然会是这样的人。"于是她们两人一起讥讽丈夫，在院子里相对哭泣。而她们的丈夫还不知道，高高兴兴地从外面回来，像往常一样在她们面前装腔作势。

在君子看来，有些人所采取的乞求升官发财的办法，能不使他的妻妾引以为耻，伤心地相对哭泣的，不多见吧！

【赏析】

　　本章通过描叙齐人乞食坟墓之间归而骄其妻妾的故事，深刻地揭露出齐人摇尾乞怜、狂骄妻妾的丑恶嘴脸，并指出齐人丑行是一种普遍的社会现象，表现了他对那些不择手段追求富贵利禄之徒的鄙视和憎恶。

万 章 上

【原文】

　　万章问曰："舜往于田，号泣于旻天[1]，何为其号泣也？"

　　孟子曰："怨慕[2]也。"

　　万章曰："'父母爱之，喜而不忘；父母恶之，劳而不怨。'然则舜怨乎？"

　　曰："长息问于公明高曰：'舜往于田，则吾既得闻命矣；号泣于旻天，于父母，则吾不知也。'公明高曰：'是非尔所知也。'夫公明高以孝子之心，为不若是恝[3]，我竭力耕田，共[4]为子职而已矣，父母之不我爱，于我何哉？帝使其子九男二女[5]，百官牛羊仓廪备，以事舜于畎亩之中，天下之士多就之者，帝将胥[6]天下而迁之焉。为不顺于父母，如穷人无所归。天下之士悦之，人之所欲也，而不足以解忧；好色，人之所欲，妻帝之二女，而不足以解忧；富，人之所欲，富有天下，而不足以解忧；贵，人之所欲，贵为天子，而不足以解忧。人悦之、好色、富贵，无足以解忧者，惟顺于父母可以解忧。人少，则慕父母；知好色，则慕少艾[7]；有妻子，则慕妻子；仕则慕君，不得于君则热中。大孝终身慕父母。五十而慕[8]者，予于大舜见之矣。"

【注释】

〔1〕 旻(mín)天：天空。

〔2〕 怨慕：抱怨依恋。

〔3〕 恝(jiè，又jiá)：无忧无愁的样子。

〔4〕 共：读如"恭"。

〔5〕 二女：尧把两个女儿嫁给舜，名娥皇、女英。

〔6〕 胥(xū)：皆、尽、全、都。

〔7〕 少艾：幼女、少女、年轻美貌的人。

〔8〕 五十而慕：50岁还怀恋父母。

【译文】

万章问："舜到田里去，仰望着天空一面呼号，一面哭泣，他为什么要这样呼号哭泣呢？"

孟子回答说："这是怨恨父母不喜欢他而又思念父母的缘故。"

万章又问："有人说父母喜爱他，他高兴但不敢忘记自己作好儿子的责任；父母讨厌他，他忧愁却不怨恨父母。那么，舜怨恨他的父母吗？"

孟子回答说："长息曾经问过公明高：'舜去种田，我能理解；他仰望着天空呼号哭泣，这样来对待父母，我搞不懂这是怎么一回事儿。'公明高说：'这不是你所能够理解的。'公明高认为孝子不可能对父母对自己的厌恶之情无动于衷，我竭尽全力种好庄稼，尽到做儿子的责任就可以了。父母不喜爱我，我有什么办法呢？帝尧派他的孩子九男二女和百官一起带着牛羊、粮食等物品，去田里为舜效力，天下的士人也有很多跑去归附舜，帝尧把天下全让给了舜。舜因为得不到父母的喜爱，就好像走投无路的人无所依归一样。天下的士人喜爱他，这是大家的愿望，却不能解除他的忧愁。美貌姿色，是人所要追求的，他娶了尧的两个女儿，却不能够解除忧愁；财富，是人所要追求的，他富甲天下，却不能够解除忧愁；尊贵，是人所要追求的，他贵为天子，却不能够解除忧愁。他有众人拥戴，拥有了美妻、财富、地位，都不能解除忧愁，只有得到了父母的喜爱才能够解除忧愁。人在幼年时，依恋父母；懂得喜欢美色时，渴望年轻漂亮的姑娘；有了妻子，就贪恋家室；做了官，就讨好君主，得不到君主的宠信，就焦躁不安。只有最孝顺的人终身思念父母。到了50岁还思念父母的人，在我眼里只有舜。"

本章孟子赞扬了舜至孝至仁、终生怀恋父母的高尚品德。孟子认为，父母与子女的关系是家庭生活中的最基本的人际关系，它是以骨肉血缘情感联结而成的血缘关系。在处理这一关系上，子女不仅要赡养父母，使他们享有优裕的物质生活，同时又要尊重和顺从父母，承顺父母的心意而使他们获得精神的自由。本章以舜为例，从感情角度阐述了"孝"的丰富内涵，丰富、发展了儒家的"孝"的观念。

【原文】

　　　　万章问曰："人有言，'伊尹以割烹要汤。'有诸？"

　　　　孟子曰："否，不然！伊尹耕于有莘[1]之野，而乐尧舜之道焉。非其义也，非其道也，禄之以天下，弗顾也；系马千驷，弗视也。非其义也，非其道也，一介[2]不以与人，一介不以取诸人。汤使人以币聘之，嚣嚣[3]然曰：'我何以汤之聘币为哉？我岂若处畎亩之中，由是以乐尧舜之道哉？'汤三使往聘之，既而幡然[4]改曰：'与[5]我处畎亩之中，由是以乐尧舜之道，吾岂若使是君为尧舜之君哉？吾岂若使是民为尧舜之民哉？吾岂若于吾身亲见之哉？天之生此民也，使先知觉后知，使先觉觉后觉也。予，天民之先觉者也；予将以斯道觉斯民也。非予觉之，而谁也？'思天下之民，匹夫匹妇有不被尧舜之泽者，若己推而内[6]之沟中。其自任以天下之重如此，故就汤而说[7]之以伐夏救民。吾未闻枉己而正人者也，况辱己以正天下者乎？圣人之行不同也，或远，或近；或去，或不去；归洁其身而已矣。吾闻其以尧舜之道要汤，未闻以割烹也。《伊训》曰：'天诛造攻自牧宫，朕载自亳[8]。'"

【注释】

〔1〕有莘：莘，古国名。在今河南陈留县东北。

〔2〕一介：同"一芥"，一点点。

〔3〕嚣嚣：消闲自在。

〔4〕幡然：同"翻然"。

〔5〕与：与其。

〔6〕内：内"纳"。

〔7〕说(shuì)：游说、说服。

〔8〕天诛造攻自牧宫，朕载自亳：天诛，上天的讨伐。造，始、开始于。牧宫，桀宫。朕，第一人称，我；从秦始皇开始，朕只作为皇帝自称。载，始、开始。自，从、由。

【译文】

万章问："有人说：'伊尹为了求汤不惜去给汤当厨子。'有这样的事吗？"

孟子回答说："没有，不是这样的。伊尹在莘国的郊野耕种，而以尧舜之道为乐事。如果不合乎义，不合乎道，即使把天下的财富都作为俸禄给他，他也不屑一顾；即使把4000匹好马系在那里，他也不望一下。如果不合乎义，不合乎道，他不会施舍别人哪怕一丁点东西，也不会向别人索取一小点东西。

汤曾经派人带着礼物去聘请他，他一点都不在意地说：'我凭什么要接受汤的礼物？我为什么不住在田野之中，以尧舜之道为乐事呢？'汤多次派人去聘请他，他改变了原先的态度说：'我与其住在田野之中，以尧舜之道为乐事，不如把现在的君主改造成尧舜一样的君主呢！不如使现在的百姓享受尧舜时代百姓的幸福生活呢！我为什么不让自己亲眼看到它呢？上天孕育百姓，是要让先知者启发后知者，先觉者引导后觉者。我是百姓中的先觉者；我要用尧舜之道去启发引导后觉者。我不去启发引导他们，还有谁去呢？'伊尹是这样想的，天下的百姓如果有一个男子或一个妇女没有受到尧舜的恩泽，就好像自己把他们推到深沟里一样。他就是这样把天下重担挑在自己身上的。所以到了汤那里，伊尹便说服汤去讨伐夏桀拯救百姓。我从来没有听说过自己胡作非为而能够匡正别人的，更何况是先使自己遭受侮辱却能够匡正天下的呢？圣人的行为各有不同，有的疏远君主，有的亲近君主；有的离开朝廷，有的在朝做官；归根到底，是要保持自身清白干净罢了。我只听说伊尹是请求汤实行尧舜之道，没有听说他要给汤当厨师切肉做菜的事。《伊训》说：'上天之所以要讨伐夏桀是他自己作的孽，我只不过从殷都亳邑开始打算罢了。'"

【赏析】

　　本章记述了孟子批驳好事之徒对百里奚的诋毁，赞扬了百里奚不屈辱自己干求君主的高尚节操。孟子为了使人产生强烈的印象，连续地运用了五个反问句，充分肯定了百里奚审时度势的聪明、智慧和不屈辱自己的高尚品质、节操，表现了他对百里奚高尚人格的景仰。

万　章　下

【原文】

　　孟子曰："伯夷，目不视恶色，耳不听恶声。非其君，不事；非其民，不使。治则进，乱则退。横政[1]之所出，横民之所止，不忍[2]居也。思与乡人处，如以朝衣朝冠坐于涂炭也。当纣之时，居北海之滨，以待天下之清也。故闻伯夷之风者，顽[3]夫廉，懦夫有立志。

　　"伊尹曰：'何事非君？何使非民？'治亦进，乱亦进，曰：'天之生斯民也，使先知觉后知，使先觉觉后觉。予，天民之先觉者也，予将以此道觉此民也。'思天下之民匹夫匹妇有不与被尧舜之泽者，若己推而内之沟中，其自任以天下之重也。

　　"柳下惠不羞污君，不辞小官。进不隐贤，必以其道。遗佚而不怨，厄穷而不悯。与乡人处，由由然不忍去也。'尔为尔，我为我，虽袒裼裸裎于我侧，尔焉能浼我哉？'故闻柳下惠之风者，鄙[4]夫宽，薄夫敦。

　　"孔子之去齐，接淅[5]而行；去鲁，曰，'迟迟吾行也，去父母国之道也。'可以速而速，可以久而久，可以处而处，可以仕而仕，孔子也。"

　　孟子曰："伯夷，圣之清者也；伊尹，圣之任者也；柳下惠，圣之和者也；孔子，圣之时者也。孔子之谓集大成。集大成也者，金声而玉振之[6]也。金

声也者，始条理也；玉振之也者，终条理也。始条理
者，智之事也；终条理者，圣之事也。智，譬则巧
也；圣，譬则力也。由^{〔7〕}射于百步之外也，其至，
尔力也；其中^{〔8〕}，非尔力也。"

【注释】

　　〔1〕横政：暴政。

　　〔2〕不忍：不能容忍。

　　〔3〕顽：贪、贪婪。

　　〔4〕鄙：心胸狭窄。

　　〔5〕接淅：接，即"滗"，漉干、捞干。淅，淘米。

　　〔6〕振：收、收束、收拢。

　　〔7〕由：通"犹"，好比、好像。

　　〔8〕中（zhòng）：射中。

【译文】

　　孟子说："伯夷，眼睛不看不好的颜色，耳朵不听不好的音乐。不是他理想的君主，不肯去侍奉；不是他理想的百姓，不肯去使唤。天下太平，就出来任事，天下混乱，就隐居山林。实行暴政的国家，住有刁民的地方，他都不忍心安居。他觉得和那些乡村暴民相处，就好像穿着朝衣戴着礼帽坐在肮脏的泥淖和炭灰上。当商纣王统治之时，他住在北海边上，坐待太平盛世。所以当人们了解到伯夷的为人，贪婪的人会变得廉洁起来，怯懦的人也树立起坚强的意志。

　　"伊尹说：'哪个君主不可以侍奉？哪个百姓不可以使唤？'天下太平出来做官，天下混乱也出来做官。并且说：'上天孕育百姓，是要让先知者启发后知者，先觉者引导后觉者。我是百姓中的先觉者。我要用尧舜之道去启发引导后觉者。'想到天下的百姓如果有哪一个人没有受到尧舜的恩泽，就好像我把他们推到深沟里去的一样。'他就是这样地把天下的重担挑在自己身上的。

　　"柳下惠不以侍奉不好的君主为羞辱，也不因官职低而不当官。在朝中不隐藏自己的才能，一定按自己的原则办事。遭到了遗弃不怨恨，面临着穷困也不发愁。和鄙俗的人相处，自得其乐竟不忍离开。他想着：'你是你，我是我，即使你在我身边赤身露体，你又怎么能污染我呢？'所以听到柳下惠德行的人，心胸狭窄的会变

柳下惠

得心胸开阔，浅薄轻浮的也会变得厚道了。

"孔子离开齐国，没等到把米淘完，捞起湿的就出发；离开鲁国时，却说：'慢慢地走吧，这是离开自己的祖国应有的态度。'该快的时候就快，该慢的时候就慢，该告退时就告退，该做官时就做官，这就是孔子的处事原则。"

孔 子

孟子说："伯夷，是圣人中清高的人；伊尹，是圣人中负责的人；柳下惠，是圣人中平易近人的人；孔子，是圣人中识时务的人。孔子称得上是集大成者。所谓集大成，就好比奏乐先发出金钟之声，最后用玉磬声来结束那样。金钟之声是节奏旋律的开始；玉磬声则是节奏旋律的总结。节奏旋律的开始，是智的体现；节奏旋律的总结，则是圣的体现。智犹如技巧；圣犹如力量。这就像在百步之外射箭，能射到百步之外，凭你的力气；要射中目标，单凭你的力气是远远不够的。"

【赏析】

孟子极力称颂尧、舜、禹等古代圣贤，认为圣人是百代人的表率，一是为了继承，捍卫并发扬圣人的学说；二是激励人们以圣人为楷模而追求高尚的道德境界。在本章他通过评述伯夷、伊尹、柳下惠、孔子四个圣人立身处世的不同态度和方法，赞扬了圣人高风亮节化民风俗的重要作用，突出称赞孔子是圣人的集大成者，表明了他对孔子高尚人格的无限赞叹。

【原文】

齐宣王问卿。孟子曰："王何卿之问也？"

王曰："卿不同乎？"

曰："不同；有贵戚之卿，有异姓之卿。"

王曰："请问贵戚之卿。"

曰："君有大过则谏；反覆之而不听，则易位[1]。"

王勃然变乎色。

曰："王勿异也。王问臣，臣不敢不以正[2]对。"

王色定，然后请问异姓之卿。

曰："君有过则谏，反覆之而不听，则去。"

【注释】

〔1〕易位：这里指另立新王。

〔2〕正：诚、实。

【译文】

齐宣王问有关公卿的问题。孟子说："君王问的是哪一类公卿？"

齐宣王说："公卿有什么不同吗？"

孟子回答说："有不同。有和王室同宗族的公卿，有非王族的异姓公卿。"

齐宣王问："请讲讲和王室同宗族的公卿。"

孟子回答说："君王有重大过失就劝阻，如果多次劝阻还不听从，就废除他的王位，另立国君。"

齐宣王勃然大怒。

孟子说："君王不要见怪。您既然问了我，作为臣子，我不敢不对您说实话。"

齐宣王脸色平静下来，又接着问非王族的异姓公卿。

孟子回答说："君王有过失就劝阻，如果多次劝阻还不听从，就自动离职。"

【赏析】

在君臣关系上，孟子主张君仁臣义，各尽其道，上行下效，各尽其职，强调君臣和谐对治国、平天下的重要作用。强烈抨击残害百姓、倒行逆施的暴政，提出了诛杀暴君的进步主张。本章即是这一思想的反映，通过阐述同姓公卿与异姓公卿的区别，提出了同姓公卿可以改立亡国君主的进步主张。这一思想在一定程度上抨击了封建专制和封建暴君，促进了中国古代政治思想的发展。

告 子 上

【原文】

孟子曰："富岁，子弟多赖[1]；凶岁，子弟多暴，非天之降才尔殊也，其所以陷溺其心者然也。今夫麰麦[2]，播种而耰[3]之，其地同，树之时又同，浡然而生，至于日至之时，皆熟矣。虽有不同，则地有肥硗[4]，雨露之养，人事之不齐也。故凡同类者，举相似也，何独至于人而疑之？圣人，与我同类者。故龙子曰：'不知足而为屦[5]，我知其不为蒉[6]也。'屦之相似，天下之足同也。口之于味，有同耆也；易牙[7]先得我口之所耆者也。如使口之于味也，其性与人殊，若犬马之与我不同类也，则天下何耆皆从易牙之于味也？至于味，天下期于易牙，是天下之口相似也。惟耳亦然。至于声，天下期于师旷，是天下之耳相似也。惟目亦然。至于子都[8]，天下莫不知其姣[9]也。不知子都之姣者，无目者也。故曰，口之于味也，有同耆焉；耳之于声也，有同听焉；目之于色也，有同美焉。至于心，独无所同然乎？心之所同然者何也？谓理也，义也。圣人先得我心之所同然耳。故理义之悦我心，犹刍豢[10]之悦我口。"

【注释】

〔1〕赖：即"懒"。

〔2〕麰（móu）麦：大麦。

〔3〕耰（yōu）：破碎土块和平整土地的农具，这里是用这农具使土覆盖种子。

〔4〕硗（qiāo）：土地坚硬不肥沃。

〔5〕屦（lǚ）：草鞋。

〔6〕蒉（kuì）：用草编的筐子。

〔7〕易牙：齐桓公的宠臣，名巫，字易牙。擅长烹调，是古代最懂得口味的人。

〔8〕子都：古代的美男子，可能即郑庄公时的公孙阏，字子都。

〔9〕姣（jiǎo）：美好。

〔10〕刍豢：泛指家畜。

【译文】

孟子说："年成好的时候，少年子弟大多懒惰；年成不好的时候，少年子弟大多强暴，并不是因为他们和大众的本性不同，而是因为环境使他们的人性堕落了。现在我们以大麦为例来解释这个道理，播种之后用平土，掩盖种子，土质一样，种植时间又相同，便会蓬勃生长，到了夏至的时候，便都成熟了。产量即使有所不同，那也是由于土地肥瘠、雨水多少、人力勤惰不一样造成的。所以同种事物没有显著差别，为什么偏偏对于人类就产生怀疑呢？圣人也跟我们同类。所以龙子说：'不知道脚的大小去编草鞋，我肯定不会把它编成筐子。'草鞋都是相似的，因为天下人的脚大体相同。每个人的口味都有相似之处。易牙早就弄清了人们的口味。假使每个人的口味都不同，就像狗马与我们人不属一类那样，那么天下的人何必都追随易牙的口味呢？说到口味，天下的人都希望以易牙为标准，这是天下人的口味大体相似的缘故。耳朵也是这样。说到音乐，天下的人都希望以师旷为标准，这是天下人的听觉大体相似的缘故。眼睛也是这样。说到子都，天下没有人不知道他貌美。不知道子都貌美的，都是瞎子。所以说：每个人的口味都有相似之处；人们对音乐的喜好都有共同点；每个人对美的评价都有类似的标准。说到心，偏偏就没有相同之处吗？心的相同之处是什么呢？是理，是义。圣人早就懂得了我们心中相同的理，相同的义。所以理义愉悦我们的心灵，就如同牛羊猪狗的肉适合我们的口味一样。"

【赏析】

本章运用人们感官及欲望的共同性，论证了人们具有共同的本性，那就是善。首先，作者以种植大麦为例说明人之所以有不善的，是因为受到不良环境的影响。其次，作者又通过人们味觉、视觉、听觉的共同性得出了人们具有共同善的本性，并近一步指出这"善"就是存在于人们心里的理和义，而且这理和义不但存在于圣人心里，普通人心中也同样具有，从而表达了孟子人格平等的思想，也从另一个方面激励了人们加强修养，发挥主观能动性，努力成为圣贤的信心。

【原文】

孟子曰："无或[1]乎王之不智也。虽有天下易生之物也，一日暴之，十日寒之，未有能生者也。吾见亦罕矣，吾退而寒之者至矣，吾如有萌焉何哉？今夫弈[2]之为数[3]，小数也；不专心致志，则不得也。弈秋，通国之善弈者也。使弈秋诲二人弈，其一人专心致志，惟弈秋之为听。一人虽听之，一心以为有鸿鹄^[4]将至，思援弓缴^[5]而射之，虽与之俱学，弗若之矣，为是其智弗若与？曰：非然也。"

【注释】

〔1〕或：同"惑"。

〔2〕弈（yì）：围棋。

〔3〕数：通"术"，技术、技巧。

〔4〕鸿鹄（hú）：天鹅。

〔5〕缴（zhuó）：生丝制的绳子，系在箭上。

【译文】

孟子说："王不聪明不足为怪。即使是天底下最容易生长的植物，晒它一天，冻它十天，也没有能再生长的。我拜见王的次数太少了，我退居在家，对他太冷淡了，他即使有点善念，我又能把他刚萌发出的善念怎么样呢？比如下围棋作为一种技术，只不过是小技术；如果不专心致志地学，也学不好。弈秋是全国的下棋能手。假使让弈秋教两个人下棋，其中一个人专心致志学棋，生怕漏掉弈秋的每一句话。另一个人虽然也在听讲，而心里却总在想着：有只天鹅快要飞来了，我要拿起弓箭把它射下来，虽然他和那个专心听奕秋讲课的人一起学棋，成绩却远远不如人家。是因为他的聪明才智不如人家吗？当然不是这样。"

【赏析】

在本章中孟子以"一暴十寒"的成语来说明齐宣王对实行仁政缺乏恒心，紧接着又以"弈秋诲弈"的寓言来强调专心致志学习的重要性，目的是借三心二意、心猿意马学不到知识、技能来批评齐宣王不能一心一意、专心致志学习、实行儒家的仁政学说。

【原文】

孟子曰："鱼，我所欲也，熊掌亦我所欲也；二者不可得兼，舍鱼而取熊掌者也。生亦我所欲也，义亦我所欲也，二者不可得兼，舍生而取义者也。生亦我所欲，所欲有甚于生者，故不为苟得也；死亦我所恶，所恶有甚于死者，故患有所不辟[1]也。如使人之所欲莫甚于生，则凡可以得生者，何不用也？使人之所恶莫甚于死者，则凡可以辟患者，何不为也？由是则生而有不用也，由是则可以辟患而有不为也，是故所欲有甚于生者，所恶有甚于死者。非独贤者有是心也，人皆有之，贤者能勿丧耳。一箪食，一豆羹[2]，得之则生，弗得[3]则死，呼尔[4]而与之，行道之人弗受；蹴尔[5]而与之，乞人不屑也；万钟则不辨礼义而受之。万钟于我何加焉？为宫室之美、妻妾之奉、所识穷乏者得我与？向[6]为身死而不受，今为宫室之美为之；向为身死而不受，今为妻妾之奉为之；向为身死而不受，今为所识穷乏者得我而为之，是亦不可以已乎？此之谓失其本心。"

【注释】

〔1〕辟：同"避"。

〔2〕一豆羹：豆，古代食器，高足的盘子。羹，羹汤。一豆羹，一碗汤。

〔3〕弗得：不得、得不到。

〔4〕呼（hū）尔：呵叱、吆喝。

〔5〕蹴（cù）尔：用脚踏、踢。

〔6〕向：一向、平素。

【译文】

孟子说："鱼是我所想要的，熊掌也是我想要的，如果不能同时拥有这两样东西，便舍弃鱼而要熊掌。生命本是我所想要的。义也是我所需求的，如果不能同时拥有这两样东西，便牺牲生命而取义。生命本是我想要的，但我还有比生命更想得到的东西，所以不做苟且偷生的事；死亡本是我所厌恶的，但我所厌恶的还有超过死亡的东西，所以有的祸患就不躲避。假使人们最珍惜的东西莫过于生命，那么凡是可以求生的手段，哪有不用的呢？假使人们厌恶的莫过于死亡，那么凡是可以避祸的事情，哪有不去干的呢？如此行事就能求生，有的人却不采用；如此行事就能避祸，有的人却并不去干，由此可知有的东西比生命更宝贵，有的东西比死亡更可憎，不仅仅是贤者有

这种信念，人人都有，不过贤者能坚持自己的原则，至死不渝。一筐饭，一碗汤，能得到就生存，得不到便饿死，用轻蔑的态度呼喝着给人，就是过路的饿人也不会接受；用脚践踏了再给人，连乞丐也不屑一顾。万钟的俸禄如果不弄清楚是否合于礼义便欣然接受，这万钟的俸禄对我有什么好处呢？是为了建造豪华的住宅、为了供养妻妾享乐、为了施舍穷困朋友而使那帮穷朋友对我感恩戴德吗？平素宁肯去死也不愿意接受的，现在为了豪华的住宅而接受了；平素宁肯去死也不接受的，现在为了享有妻妾的侍奉却接受了；平素宁肯去死也不接受的，现在为了穷困朋友感激自己而接受了，这些不是都可以止而不受吗？这样做就是丧失了人应有的羞恶之心。”

【赏析】

本章是《孟子》的名篇。开篇使用鱼与熊掌做喻说明生命与义不能兼得时，要坚持“舍生取义”的道德原则；紧接着又以多个排比句来论证说明人的道德精神价值高于生命价值，即使为此献身都在所不惜；最后作者严峻、冷峭地质问、谴责了见利忘义之辈，表达了对于他们丧失善良本性的鄙夷和深深的惋惜。

他的“舍生取义”已成为千古名言，曾是中华民族无数仁人志士在民族危亡的紧急关头坚持节操、英勇献身的道德精神支柱，丰富了中华民族不畏强暴、舍生忘死的优良传统，对后世产生了积极的影响。

【原文】

孟子曰：“拱把[1]之桐梓，人苟欲生之，皆知所以养之者。至于身，而不知所以养之者。岂爱身不若桐梓哉？弗思甚也。”

【注释】

〔1〕拱把：拱，两手相合。把，一手自握。这里指一小把、一小掐。

【译文】

孟子说：“一小把粗的桐树梓树，人们如果要使它生长，都懂得如何培育它。却不懂得如何培养自己的身心，难道爱护自己还不及爱护桐树梓树吗？不用心思考到了极点。”

【赏析】

　　孟子极为重视个体的自身修养，认为修身是齐家、治国、平天下的前提和基础。他在本章又以培养树木为喻，批评一些人只知培养树木，却忘记修身的本末倒置行为，告诫人们一定要勤于思考，特别是要勤于对自己的思考，如果一个人连自己都不能了解的话，又怎么去了解他人？

【原文】

　　孟子曰："人之于身也，兼所爱。兼所爱，则兼所养也。无尺寸之肤不爱焉，则无尺寸之肤不养也。所以考其善不善者，岂有他哉？于己取之而已矣。体有贵贱，有大小。无以小害大，无以贱害贵[1]。养其小者为小人，养其大者为大人。今有场师，舍其梧槚[2]，养其樲棘[3]，则为贱场师焉。养其一指而失其肩背，而不知也，则为狼疾[4]人也。饮食之人，则人贱之矣，为其养小以失大也。饮食之人无有失也，则口腹岂适[5]为尺寸之肤哉？"

【注释】

　〔1〕贵：重要。
　〔2〕梧槚（jiǎ）：梧，即梧桐。槚，楸树。
　〔3〕樲（èr）棘：樲，酸枣。棘，棘枣一类小杂树丛。
　〔4〕狼疾：同"狼藉"，杂乱，引申为糊涂。
　〔5〕适：通"啻（chì）"，只，仅仅。

【译文】

　　孟子说："人们爱护身体的每一部分。因此也保养身体的各个部分。没有一尺一寸的肌肤不爱护，也就没有一尺一寸的肌肤不保养。考察他养护得好不好，难道有别的方法吗？只看他所注重的是自己身体的哪一部分就可以了。身体人体的各个部分有大小轻重之分。不要因为小的部分损害大的部分，不要因为次要部分损害重要部分。只保养小部分的是小人，注意保养大的部分的是君子。假如有一位园艺师，放弃他所种植的梧桐、槚树，却去培养酸枣、荆棘，

那他就是个愚蠢的园艺师。如果有人只养护他的一个手指，却损伤了肩膀脊背，而自己却毫不知情，那真是糊涂透顶的人。只讲究吃喝的人，人们都鄙视他，因为他贪小而失大。讲究吃喝也不应算是过失，然而吃喝的目的仅仅是为了饱口福、填肚皮吗？"

【赏析】

　　本章紧承上一章的内容。在此，孟子以人的身体器官作比，说明身体虽是一个和谐统一的整体，但是亦有主次之分、大小之别。千万不能只讲求吃喝以满足口腹的需求，而忽略了心志的培养，如果真的那样做了，无异于小人君子的区别。孟子的这一论调表现了他以高级需要制约低级需要，以大制小、以贵制贱的思想。

【原文】

　　　　公都子问曰："钧[1]是人也，或为大人，或为小人，何也？"

　　　　孟子曰："从其大体为大人，从其小体为小人。"

　　　　曰："钧是人也，或从其大体，或从其小体，何也？"

　　　　曰："耳目之官不思，而蔽于物。物交物，则引之而已矣。心之官[2]则思，思则得之，不思则不得也。此[3]天之所与我者。先立乎其大者，则其小者不能夺也。此为大人而已矣。"

【注释】

　　〔1〕钧：同"均"。
　　〔2〕官：器官，这里指器官的功能。
　　〔3〕此：这。有些版本作"比"，恐误。

【译文】

　　公都子问道："同样是人，为什么有的人是君子，有的人是小人？"

　　孟子回答说："满足人身迫切需要的是君子，顺从身体无关紧要的欲望的是小人。"

　　又问道："同样是人，有的人满足人身迫切的需要，有的人顺从无关紧要的欲望，这又是什么原因呢？"

回答说:"耳朵眼睛这类器官不会思考,因此容易被事物所蒙蔽,它一旦与外界事物相接触,便被引向歧途。心是用来思考的,思考便有所收获,不思考便一无所获。这是大自然赋予我们人类的,首先发挥心的主宰作用,那么就不会受次要器官的侵扰摆布了。之所以有人能成为君子,原因就在这里。"

【赏析】

在本章中作者提出了一个重要的论点:即一个人对待精神生活需要的态度是将他划分为君子抑或是小人的重要标准。如果一个人的心官能够制约住耳目感官,不使人的耳目被外界的声色给迷惑、蒙蔽,仍然坚守住了心底的善性,那他就是一位君子;反之,就会沦为物质生活的奴隶,也就是道德低下的小人,从而告诫世人:要加强自身的修养,努力成为道德高深的君子。

告 子 下

【原文】

任^[1]人有问屋庐子曰:"礼与食孰重^[2]?"

曰:"礼重。"

"色与礼孰重?"

曰:"礼重。"

曰:"以礼食,则饥而死;不以礼食,则得食,必以礼乎? 亲迎^[3],则不得妻;不亲迎,则得妻,必亲迎乎?"

屋庐子不能对,明日之邹^[4]以告孟子。

孟子曰:"于答是也,何有? 不揣^[5]其本,而齐其末,方寸之木可使高于岑楼^[6]。金重于羽者,岂谓一钩金^[7]与一舆羽之谓哉? 取食之重者与礼之轻者而比之,奚翅^[8]食重? 取色之重者与礼之轻者而比之，奚翅色重？往应之曰：'紾[9]兄之臂而夺之食，则得食；不紾，则不得食，则将紾之乎？逾东家墙而搂其处子[10]，则得妻；不搂，则不得妻，则将搂之乎？'"

【译文】

有一个任国人问屋庐子道："礼和食哪一样更重要？"

屋庐子回答说："礼重要。"

"美色和礼哪一样更重要。"

屋庐子回答说："礼重要。"

那人又问："如果遵照礼制求食，便会饿死；不遵照礼制求食，便能得到食物，是否一定要遵照礼制呢？如果遵照亲迎礼仪，便得不到妻子；而不遵照亲迎礼仪，便能得到妻子，那么还一定要遵照亲迎礼仪娶妻吗？"

屋庐子回答不上来，第二天便跑到邹国去向孟子讨教此事。

孟子说："回答这个问题有什么困难呢？如果不考虑基准是否一致，而只比较上面的高度，那么一寸见方的木块往高处放，也可以使它比尖顶的楼房还高。金属比羽毛重，难道能说一个金属带钩比一车羽毛还重吗？饮食这一问题事关生死，用它和礼的细节相比较，何止是饮食更重要？用娶妻这么重要的事和礼的细节相比较，何止是娶妻更重要？你可以去这样回答他说：'扭转哥哥的胳膊，抢夺他的食物，便能得到吃的；不扭胳膊，就得不到吃的，那么就去扭哥哥的胳膊吗？翻过东邻的墙去搂抱人家的少女，就能得到妻室；不去搂抱，就得不到妻室，难道就去搂抱人家的少女吗？"

在本章中，孟子强调以礼义调节、制约食色欲望，批评了任国人以食色的重要方面与礼的次要方面相比较的错误。由此可以看出，在"礼义"与"食色"发生矛盾时，孟子认为更应该遵循礼的原则。虽然饮食男女的自然生理需要，是"人之所欲"和"人之大伦"，但它却必须受礼义道德高级精神生活需要的调节和制约。

【原文】

曹交问曰："人皆可以为尧舜，有诸？"

孟子曰："然。"

"交闻文王十尺，汤九尺，今交九尺四寸以长，食粟而已，如何则可？"曰："奚有于是？亦为之而已矣。有人于此，力不能胜一匹雏[1]，则为无力人矣；今日举百钧，则为有力人矣。然则举乌获[2]之任，是亦为乌获而已矣。夫人岂以不胜为患哉？弗为耳。徐行后长者谓之弟，疾行[3]先长者谓之不弟。夫徐行者，岂人所不能哉？所不为也。尧舜之道，孝弟而已矣。子服尧之服，诵[4]尧之言，行尧之行，是尧而已矣。子服桀之服，诵桀之言，行桀之行，是桀而已矣。"

曰："交得见于邹君，可以假馆[5]，愿留而受业于门。"

曰："夫道若大路然，岂难知哉？人病不求耳。子归而求之，有余师。"

【注释】

〔1〕雏：小鸡。

〔2〕乌获：古代的大力士，他能举起千钧的重物。

〔3〕疾行：快走。

〔4〕诵（sòng）：说。

〔5〕假馆：假，同"借"，假馆，借个住所。

尧帝

曹交问道:"人人都可以成为尧舜那样的人,这是真的吗?"

孟子回答说:"是。"

"我听说文王身高一丈,汤身高9尺,现在我身高有9尺4寸多,只是个吃百食的废物,怎样才成为尧舜那样的圣人呢?"

回答说:"这有什么关系呢?只要努力去做就行。比如有人连一只小鸡都提不起来,可以说是毫无力气的人了;如果说能够举3000斤,就是大力士了。那么能举起乌获所能举的重量,这就可以算是乌获了。人怎能为做不到的事而苦恼呢?不过是因为没付诸努力感到后悔而已。慢走让行退在长者后面,叫作悌;快步抢道跑到长者前面,叫作不悌。慢走让行,难道是人不能做到的吗?只是不愿那样做罢了。尧舜之道,不过就是孝和悌罢了。你穿尧的衣服,说尧的话,像尧那样行事,便成了尧。你穿桀的衣服,说桀的话,像桀那样行事,就成了桀。"

曹交说:"我要去拜见邹君,向他借个住处,我想留在邹向您学习。"

孟子说:"圣贤之道就像大路那样,难道很难知晓吗?只怕人不去探求罢了。你回去自己探求它吧,值得你学习的人多着呢。"

【赏析】

本章意在强调"人皆可以为尧舜"的道理。孟子在此分两个部分来阐明:第一,人要有明确的目标和坚定的意志,这是实现目标、完成梦想的前提;第二,力行践履才是达到目标的根本途径。人要想成为像尧舜那样的圣人,必须要有对尧舜所具备的那种美好品德的向往,和努力去向尧舜学习的实际行动,只有身体力行,才能达到圣贤的境界。最后,孟子说"道"并不玄妙,它是像大路一样显而易见的东西,只要注意在学习和实践中积累,生活中随处都可以找到自己的老师,这对激励人们完善自我品德、提升自身的道德修养产生了积极的影响。

【原文】

孟子曰:"今之事君者皆[1]曰:'我能为君辟土地,充府库。'今之所谓良臣,古之所谓民贼也。君不向道[2],不志于仁,而求富之,是富桀也。'我能为君约与国，战必克。'今之所谓良臣，古之所谓民贼也。君不向道，不志于仁，而求为之强战，是辅桀也。由今之道，无变今之俗，虽与之天下，不能一朝居也。"

【注释】

〔1〕皆：都、全。

〔2〕向道：向往道德。向，向往、追求。

【译文】

　　孟子说："现在做人臣的人都说：'我能够替君王扩张土地，充实府库。'现在的所谓好臣子，就是古代所说的民贼。君王不想追求高尚的品格，不想施仁政，当臣子的却要替他聚敛财富，这是助纣为虐。还有人说'我能够替君王邀约盟国，战无不胜'。现在所谓的好臣子，就是古代所说的民贼。君王不想培养自己高尚的品格，不想施仁政，当臣子的，却要替他卖力作战，这是辅助夏桀那样的暴君。长此继往，不改变现在这样的坏风气，即使把整个天下都给他，他一天也不能安稳。"

【赏析】

　　在本章中，孟子采用了正反、对比的手法来说明主旨。他认为现在服事国君的人，不是为君主侵犯邻国，扩大领土，就是为国君重征暴敛，搜刮民财，这些行为实际上就是助纣为虐的不良行径。通过对这些祸国殃民的"罪臣"的抨击，从而提出只有帮助君主实行仁政，以仁义为本，才能不被后人称为"民贼"；只有有利于人民生息，君主的天下才能坐得稳、坐得久。

【原文】

　　　　白圭曰："丹之治水^[1]也愈于禹。"

　　　　孟子曰："子过矣。禹之治水，水之道也，是故禹以四海为壑^[2]。今吾子以邻国为壑。水逆行谓之洚水。洚水者，洪水也。仁人之所恶也。吾子过矣。"

【注释】

〔1〕丹之治水：白圭治水方法，主要是筑堤，堵洞。

〔2〕壑（hè）：山沟、沟壑。

【译文】

　　白圭说："我治理水患比大禹强多了。"

　　孟子说："你错了。大禹治水，是顺应水的本性而行事，所以禹使水流注四海。现在你是把水引到附近的国家。水逆流而行叫作洚水。洚水就是洪水，是有仁爱之心的人所厌恶的。你错了啊。"

【赏析】

　　本章孟子通过讲述白圭建筑堤防治理水患的故事，表达了他对白圭违背水的自然规律，并以邻国为壑的做法的批评，旨在说明真正的圣人仅以仁爱之心对待一家一国的人民；而天能够给予天下所有的百姓以博爱。亦从另一个侧面既表现了孟子尊重事物的自然规律的思想，又表现了邻国要和睦相处的主张。

【原文】

　　　　鲁欲使乐正子为政。孟子曰："吾闻之，喜而不寐。"

　　公孙丑曰："乐正子强乎？"

　　曰："否。"

　　"有知虑乎？"

　　曰："否。"

　　"多闻识乎？"

　　曰："否。"

　　"然则奚为喜而不寐？"

　　曰："其为人也好善。"

　　"好善足乎？"

　　曰："好善优于天下，而况鲁国乎？夫苟好善，则四海之内皆将轻[1]千里而来告之以善；夫苟不好善，则人将曰，'訑訑[2]，予既已知之矣。'訑訑之声音颜色距[3]人于千里之外。士止于千里之外，则谗谄面谀之人[4]至矣。与谗谄面谀之人居，国欲治，可得乎？"

【注释】

〔1〕轻：易、不难。

〔2〕訑訑(yí yí)：自满的样子。

〔3〕距：通"拒"，拒绝。

〔4〕谗(chán)谄(chǎn)面谀(yú)：谗说陷害人的话。谄，巴结、奉承。谀，讨好逢迎。

【译文】

鲁国准备让乐正子治理国政。孟子说："我听说了这事，高兴得睡不着觉。"

公孙丑问道："乐正子很有办事能力吗？"

孟子回答说："不是。"

"那是他足智多谋吗？"

孟子回答说："不是。"

"见多识广吗？"

孟子回答说："不是。"

"那你又为什么高兴得睡不着觉呢？"

孟子回答说："他擅于听取正确的意见。"

"他擅于听取正确的意见就足以治国了吗？"

孟子回答说："乐于听取别人正确的意见不但可以治理天下而且绰绰有余，何况仅仅一个鲁国呢！如果乐于听取别人正确意见的，那么天下的人都将不远千里去把有益的意见告诉他。如果不喜欢听取别人的好建议，那有人就会模仿他的腔调说：'嗯嗯，我早就知道了。'这种声音和态度足以把人们拒之于千里之外。才能之士在千里之外止步不前，那么进谗言陷害别人的人就会乘机而入。同进谗言陷害别人的人相处共事，想治理好国家，可能吗？"

【赏析】

本章通过孟子对乐正子能够听从善言的高尚品质的赞扬，说明治理国家不能只凭一才一艺，而应博采众长。为政不是靠某个人的力量和才智，必须集天下人之智慧，听取善言，这样才能集思广益，取得事业的成功。否则，只会让天下有能力的人远离自己，而招来奸佞之人，则国家危矣。孟子的这一主张，是对古代治国经验的概括和总结，至今对我们仍有一定的借鉴作用。

【原文】

孟子曰："舜发于畎亩之中[1]，傅说举于版筑之间[2]，胶鬲举于鱼盐之中[3]，管夷吾举于士[4]，孙叔敖举于海^[5]，百里奚举于市。故天将降大任于斯人也，必先苦其心志，劳其筋骨，饿其体肤，空乏其身，行拂乱其所为，所以动心忍性，曾^[6]益其所不能。人恒过，然后能改；困于心，衡于虑^[7]，而后作；征于色，发于声，而后喻。入则无法家拂士，出则无敌国外患者^[8]，国恒亡。然后知生于忧患而死于安乐也。"

【注释】

〔1〕舜发于畎（quǎn）亩之中：舜从田野之中兴起来。发，兴。畎亩，田野。

〔2〕傅说（yuè）举于版筑之间：傅说从筑墙的工作中被举拔出来。版筑，筑墙。

〔3〕胶鬲（gé）举于鱼盐之中：胶鬲从渔盐业工作中被举拔出来。

〔4〕管夷吾举于士：管夷吾是从狱官的手里被释放而举拔出来。管夷吾，管仲。

〔5〕孙叔敖（áo）举于海：孙叔敖从海边被举拔出来。

〔6〕曾：同"增"，增加。

〔7〕衡于虑：思虑被阻塞。衡，横。"横"与"塞"义相近。

〔8〕出则无敌国外患者：出，指国外。敌，实力相当、相互匹敌。意思是国外没有相与抗衡的邻国和外来的祸患。

傅 说

【译文】

孟子说："舜出身农民，傅说从筑墙工匠中被举用，胶鬲从渔盐行业中被举用，管夷吾从牢狱中被举用，孙叔敖从海滨被举用，百里奚从交易场所被举用。由此可见天若要把重任交给某个人，一定先要磨炼他的意志，使他的身体辛苦劳累，使他忍饥挨饿，使他受穷受困，使他做事总是受挫折遭打击，这样可以震撼他的心灵，坚韧他的性格，增长他的才干。人经常犯错误，犯过错误才能认识、改正错误；心意困苦，思虑阻塞，才能奋发有为；在言谈举止中表现出来，然后才被人了解。一个国家内部没有坚持法制的大臣和足以辅佐君王的贤士，外部没有势均力敌的邻国和外患的侵扰的话，这样的国家总是容易衰亡。这样才能够知道人可以在忧虑灾难中成长，也可以在安逸享乐中灭亡的道理。"

【赏析】

在本章孟子列举了人们心目中有所作为的贤人：舜、傅说、胶鬲、管夷吾、百里奚等。他们都出身卑微，有的甚至曾为狱囚，但生活的苦难磨炼了他们的意志，强健了他们的筋骨，客观的不利环境造就了他们不向困难低头的勇气。所以，孟子发出这样的慨叹，这一切都缘于"天将降大任于斯人也"。推广到治国安邦的问题上，孟子又有"生于忧患，死于安乐"的论断，这种观点直到今天都是发人深思，具有深刻教育意义的。

尽 心 上

【原文】

孟子曰："舜之居深山之中，与木石居，与鹿豕游，其所以异于深山之野人者几希；及其闻一善言，见一善行，若决江河，沛然莫之能御也。"

【译文】

孟子说："舜住在深山之中，和树木山石相处，和鹿、猪同游，他看起来和山里人没什么区别；等到他听到一句好话，看到一件好事，就像江河决了口，哗哗地没有人能阻止得住一样。"

【赏析】

孟子曾多次赞扬舜的高尚品德，目的就是以圣人为楷模，不断砥砺自己的高尚人格。在本章中他又赞扬了舜虽居于深山之中却异于野人而向仁向善的高尚品德，而且这种依据仁而向善的精神力量没有什么可以阻挡，从而不仅说明了圣人不但有纯朴的本性，而且强调了君子"乐善"的人格。

【原文】

孟子曰："易其田畴[1]，薄其税敛，民可使富也。食之以时，用之以礼，财不可胜用也。民非水火不生活，昏暮叩人之门户求水火，无弗与者，至足矣[2]。

圣人治天下，使有菽粟如水火。菽粟如水火，而民焉
有不仁者乎？"

【注释】

〔1〕易其田畴：易，治。田畴，田地。意思是种好庄稼。

〔2〕至足矣：至，极。足，充足。矣，也。这个矣字不译作了，而解释上句，所以译为"……的缘故"，意思是极充足的缘故。

【译文】

孟子说："种好田，减轻赋税，就能使百姓过上好日子。按时食用，依礼消费，财物是用不完的。百姓离开水和火就不能生活，晚上敲别人门向人要水和火，没有不给的，为什么呢？因为水和火很充足了。圣人治理天下，要使粮食多如水火。粮食像水和火一样多，百姓哪能不仁爱呢？"

【赏析】

本章论说圣人治理天下的关键在于使人民生活富足，人民有了安身立命之本，才能够不自私，相互关爱，从而实现普天下共通的"仁义之道"。孟子的这种将"民"之"仁爱"的观念建立在实现生活自足、绝对富裕的基础上的思想，是儒家务实、求真、不虚夸、不浮泛思想的表现。亦是儒家民本思想的反映，表现了他对人类美好社会的向往和追求。

【原文】

孟子曰："孔子登东山〔1〕而小鲁，登泰山而小天下，故观于海者难为水，游于圣人之门者难为言。观水有术，必观其澜。日月有明，容光〔2〕必照焉。流水之为物也，不盈科不行；君子之志于道也，不成章〔3〕不达。"

【注释】

〔1〕东山：蒙山，在今山东蒙阴县南。

〔2〕容光：小缝隙。

〔3〕成章：章，乐竟为一章，即一曲奏完了，叫一乐章。这里引申章为一定成就。

【译文】

孟子说："孔子登上了东山，就觉得鲁国太小了；登上了泰山，就觉得天

下也不怎么大；所以，见到过海洋的人，对大江大河便不屑一顾；曾在圣人门下学习过的人，一般的议论他也很少看得上眼。看水有方法，一定要看它汹涌的波涛。日月同辉，小缝隙也能照到。流水这东西，不把坑洼灌满不会继续向前流；君子立志行道，没有一定的成就，就不能显贵。"

【赏析】

站的高度不同，眼界就不一样，而所站的高度往往体现着力量的蓄积。本章作者一口气举了四个例子来说明：圣人之道广大而有根本，即要成就伟大的事业，就必须日积月累，坚定不移，只有坚持不懈才能循序渐进地进入大道，才能攀登上理想的高峰。这是本章的中心，亦是孟子给我们的启迪，对于每一个渴望成就非凡事业的人，奋发进取永远具有着积极的意义。

【原文】

孟子曰："有为者辟若掘井，掘井九轫[1]而不及泉，犹为弃井也。"

【注释】

〔1〕轫（rèn）：同仞，7尺或8尺为1仞。

【译文】

孟子说："做一件事就好比淘井，掏到七八丈深还不见泉水，就是一口废井了。"

【赏析】

本章孟子以掘井为譬喻，勉励人们进德修业，不可半途而废。这与"为山九仞，功亏一篑"是同样的道理，如果半途而废，就会前功尽弃，唯有坚持不懈，持之以恒才能取得最终的胜利。这一思想对心浮气躁、心高气傲、缺乏毅力的年轻人具有极大的借鉴意义。

【原文】

公孙丑曰："道则高矣，美矣，宜若登天然，似不可及也；何不使彼为可几及而日孳孳也？"

孟子曰："大匠不为拙工改废绳墨，羿不为拙射

变其彀率。君子引而不发，跃如也。中道而立，能者
从之。”

【译文】

公孙丑说：“道就是又高又美的了，可要行道却势比登天，似乎是不能达到的，为什么不使它变得几乎可以达到的那样，好让人们每天努力地追求呢？”

孟子说：“高明的工匠不因为拙劣的工人而改变或废弃标准，羿也不会因为拙劣的射手而改变开弓的标准。君子拉满弓，却不发箭，作出跃跃欲试的样子。他站在路中央，引导有能力的人跟随而来。”

【赏析】

本章原意是说道的境界虽然至高至美，使人觉得难以达到，但也不应该人为地降低标准。作者以工匠教人学艺，后弈教人射箭为喻暗示出：无论做什么事情，抱定目标，坚持不懈，才能奋发有为，取得成功，否则就学不到高明的本领和知识。君子教育别人，必须要坚持原则、启发诱导才行；学生学习本领，也必须不断地对自身提出更高的要求才能获得真正的本领。

尽 心 下

【原文】

孟子曰：“不仁哉梁惠王也！仁者以其所爱及其所不爱，不仁者以其所不爱及其所爱。”

公孙丑问曰：“何谓也？”

“梁惠王以土地之故，糜烂其民而战之，大败，将复之，恐不能胜，故驱其所爱子弟以殉之，是之谓以其所不爱及其所爱也。”

【译文】

孟子说：“梁惠王真是不仁哪！仁人能把他给自己喜爱的人的好处，推广到他所不喜爱的人身上；不仁的人却能把他加给自己不喜爱的人的害处，推广到他所喜爱的人身上。”

公孙丑问：“这话是什么意思呢？”

孟子回答说:"梁惠王为了争夺土地,驱使他所不喜爱的百姓去打仗,使百姓暴尸荒野,骨肉糜烂。结果大败而回,将要再战,又怕不能取胜,所以又驱使他所喜爱的子弟们去为他牺牲,这就是说他把加给所不喜爱的人的害处,推广到了他所喜爱的人身上。"

【赏析】

孟子在本章接续上卷末三章所阐述的推己及人的原则,采取正反对比的方法,阐述了"仁"与"不仁"的不同。认为仁人由亲爱自己的亲人,然后推及仁爱别人的亲人和百姓,就能使国内百姓蒙受他的恩泽;不仁的人将百姓遭受的灾祸殃及子弟。这种正反对比,一方面揭示了仁与不仁的根本对立;另一方面又批评了梁惠王的贪得无厌和暴虐无道,表现了孟子同情人民苦难的思想情感。

【原文】

孟子曰:"尽信《书》,则不如无《书》。吾于《武成》,取二三策[1]而已矣。仁人无敌于天下,以至仁伐至不仁,而何其血之流杵[2]也?"

【注释】

〔1〕策:竹简。古人用竹简书写。
〔2〕杵(chǔ):舂米或捶衣的木棒。

【译文】

孟子说:"完全相信《尚书》,那就不如没有《尚书》。对于《武成》那一篇,我只认可其中的二三条。仁人天下无敌,以最仁的周武王来讨伐最不仁的殷纣王,怎么会血流成河以至漂起木槌来呢?"

【赏析】

本章是《孟子》的又一名篇,他通过自己对《尚书·武成》中关于周武王讨伐商纣王血流漂杵的记载的学习,提出治学应该有自己的见解,要采取分析的态度,去伪存真,取己所用,千万不可只迷信于书本的见解。

孟子的"尽信《书》,则不如无《书》"的观点,对破除教条主义和消除封建迷信权威的神秘主义,具有积极的进步意义。

【原文】

孟子曰："民为贵，社稷[1]次之，君为轻。是故得乎丘民[2]而为天子，得乎天子为诸侯，得乎诸侯为大夫。诸侯危社稷，则变置，牺牲既成，粢盛既洁[3]，祭祀以时，然而旱干水溢，则变置社稷。"

【注释】

〔1〕社稷（jì）：社，土神。稷，谷神。指代国家。

〔2〕丘民：丘，众。丘民，民众、百姓。

〔3〕洁（jié）：同"絜"，今简化。

【译文】

孟子说："百姓最重要，国家为其次，国君为最轻。因此，民众爱戴的，就能做天子；对讨天子欢心的，就能做诸侯；能讨诸侯喜欢的，就能做大夫。诸侯对国家社稷有危胁，就要改立别人。祭祀用的牺畜已经长得肥壮，祭祀用的谷物已经处理洁净，就要按时致祭，但是仍遭水旱灾害，那就改立社稷的神祇。"

【赏析】

在本章中，孟子明确和集中地提出了"民贵君轻"的主张。他认为民心向背关系到国家的兴衰、存亡和天下的得失。民是国家的根本，其次才是社稷，最后才是君主，君主和社稷都是为人民的利益而设置的，如果违背了人民的利益，弄得纷纷揭竿而起，那君主怎么会安心？社稷怎么会安稳？

孟子是中国古代思想史上第一个明确提出"民贵君轻"的思想家，他这一思想是先秦民本思想的集中概括，具有朴素的民权思想，反映了当时社会的进步思潮，是中国古代政治思想史上一份珍贵的遗产，至今仍值得我们借鉴和吸收。

【原文】

孟子谓高子曰："山径之蹊[1]，间介然[2]用之而成路；为间[3]不用，则茅塞之矣。今茅塞子之心矣。"

【注释】

〔1〕蹊（xī）：人踩出的小路。

〔2〕介然：界限分明的样子。

〔3〕为间：时间不久。

【译文】

　　孟子对高子说："山坡的小路很窄，但经常有人走，它就会成为一条清晰的大路；但有一段时间没人去走，就又被茅草堵塞了。现在，茅草堵住了你的心了。"

【赏析】

　　本章是孟子针对齐人高子曾向他学习仁义之道，但还未明白事理就又去学习其他知识的事而进行的一段叙述。他以山坡上的小道为譬喻阐发了一个深刻的哲理：有志者事竟成。即不论是修养心性，还是学习知识，只有坚持不懈，才能获得成功；否则，半途而废，就会前功尽弃。

【原文】

　　孟子曰："人皆有所不忍，达之于其所忍，仁也；人皆有所不为，达之于其所为，义也。人能充无欲害人之心，而仁不可胜用也；人能充无穿逾之心，而义不可胜用也；人能充无受尔汝之实[1]，无所往而不为义也，士未可以言而言，是以言餂[2]之也；可以言而不言，是以不言餂之也，是皆穿逾之类也。"

【注释】

　　〔1〕无受尔汝之实：不受轻贱的实际言行。"尔"、"汝"是古代尊长对年轻后辈或下级的称呼，如果平辈之间或平级之间互相用"尔"、"汝"来称呼，就有轻视的意思。

　　〔2〕餂(tiǎn)：挑取、获取。

【译文】

　　孟子说："每个人都有不忍心做的事，把它扩展到所忍心做的事上，就是仁；每个人都有不肯做的事，把它扩展到所肯做的事上，就是义。如果人能够把不想害人的心扩充开，仁就用之不尽了；人能够把不挖洞跳墙的心扩充开，义就用之不尽了；人能够把不受轻贱的实际言行扩充开，那无论到哪里都合于义了。一个士人，本来不应该和他交谈却偏要和他争高下，谈出个所以然来，这是用言语来引诱他，以便从中取利；可以和他谈论却不和他去谈论，这是用沉默来引诱他，以便从中取利，这些行为和挖洞跳墙没什么区别。"

【赏析】

　　本章里孟子所提到的不忍人之心和不想害人之心，就是仁爱之心，不想做某事之心，无盗窃之心及不愿受人轻贱之心就是羞恶之心。并且提出如果把这种仁爱之心和羞耻之心扩充、推广开来，就能使自己的言行符合仁义，意在阐述自己推己及人的原则。进而告诫人们加强修养，自觉扩充善良的本性，不断使自己的言行更合乎于仁义的要求。

【原文】

　　　　孟子曰："说大人，则藐之，勿视其巍巍然。堂高〔1〕数仞，榱题〔2〕数尺，我得志，弗为也。食前方丈，侍妾数百人，我得志，弗为也。般乐饮酒，驱骋田猎，后车千乘，我得志，弗为也。在彼者，皆我所不为也；在我者，皆古之制也。吾何畏彼哉？"

【注释】

　　〔1〕堂高：堂，建楼阁的基础平台。
　　〔2〕榱（cuī）题：榱，椽子。这里泛指屋檐。榱题，即"出檐"，指屋檐的前端。

【译文】

　　孟子说："向诸侯进言，就得轻视他，不要被他的权势、地位吓倒。心想：殿堂的台基两三丈高，屋檐几尺宽，我如果得志，决不这样。菜肴满桌，姬妾几百，我如果得志，决不这样。饮酒作乐，驱驰田猎，使用豪华的仪仗，我如果得志，决不这样。他所有的，都是我不愿意有的；我所有的，都是古代的制度，我为什么要怕他呢？"

【赏析】

　　本章作者运用了多个排比句慷慨激昂地批判了诸侯权贵的奢侈生活，抒发了自己济世救民、兼善天下的宏大志向。意在说明功名富贵、声色犬马都不足为重，亦不能抬高身价，只有坚定的意志，固守礼法的自信心，才是真正的"大人"应具有的高贵品德，只有蔑视权势富贵的人才能做到义正而词严，才能无所畏惧。

　　孟子的这种胸怀仁义，藐视权贵的凛然不可侵犯的气慨，显示了个体的巍然屹立的人格的伟大与坚强，在很大程度上突破了孔子"畏大人"的保守方面，极大地强调了个体人格意志的无所畏惧的强大力量，对后世产生了深远的影响。

【原文】

万章问曰："孔子在陈曰：'盍归乎来！吾党之士狂简，进取，不忘其初。'孔子在陈，何思鲁之狂士？"

孟子曰："孔子曰：'不得中道而与之，必也狂狷[1]乎！狂者进取，狷者有所不为也。'孔子岂不欲中道哉？不可必得，故思其次也。"

"敢问何如斯可谓狂矣？"

曰："如琴张、曾晳、牧皮[2]者，孔子之所谓狂矣。"

"何以谓之狂也？"

曰："其志嘐嘐[3]然，曰'古之人，古之人。'夷[4]考其行，而不掩焉者也。狂者又不可得，欲得不屑不洁之士而与之，是狷也，是又其次也。孔子曰：'过我门而不入我室，我不憾焉者，其惟乡原[5]乎！乡原，德之贼也。'"

曰："何如斯可谓之乡原矣？"

曰："'何以是嘐嘐也？言不顾行，行不顾言，则曰：古之人，古之人。行何为踽踽凉凉[6]？生斯世也，为斯世也。善斯可矣。'阉然[7]媚于世也者，是乡原也。"

万子曰："一乡皆称原人焉，无所往而不为原人，孔子以为德之贼，何哉？"

曰："非之无举也，刺之无刺也，同乎流俗，合乎污世，居之似忠信，行之似廉洁，众皆悦之，自以为是，而不可与入尧舜之道，故曰'德之贼'也。孔子曰：恶似而非者：恶莠[8]，恐其乱苗也；恶佞，恐其乱义也；恶利口，恐其乱信也；恶郑声，恐其乱乐也；恶紫，恐其乱朱也；恶乡原，恐其乱德也，君子反经[9]而已矣。经正，则庶民兴；庶民兴，斯无邪慝[10]矣。"

〔1〕狂狷（juàn）：狂，狂放、豪放。这种人志向大，说话好夸张。狷，狷介、耿直、孤高。这种人性情正直，不肯同流合污。

〔2〕牧皮：人名，其人不详。

〔3〕嘐嘐（xiāo xiāo）：志大言大。

〔4〕夷：平。但此处作"平"来解释又不确切，所以应作为语首语气词，无意义，可不译。

〔5〕乡原（yuàn）：原，同"愿"。乡原，指乡里中的老好人。这种人貌似忠诚老实，方正廉洁，但实际却言行不符，伪善欺世，八面玲珑，四处讨好。孔子把他们叫作"德之贼也"。

〔6〕踽踽（jǔ）凉凉：踽踽，孤独的样子。凉凉：冷淡的样子。意思是落落寡合。

〔7〕阉然：阉，同"奄"（yǎn），遮掩、隐藏。

〔8〕莠（yǒu）：狗尾草，一种形状像谷子的草本植物。

〔9〕反经：反，同"返"。意思是回到经常的正道。

〔10〕邪慝（tè）：奸邪、邪恶。

【译文】

　　万章问："孔子在陈国的时候，说：'为什么不回去呢！我那些学生志向远大而且狂放，奋发图强却不忘本。'孔子身在陈国，却为什么思念在鲁国的这些学生呢？"

　　孟子回答说："孔子说过：'如果不能和行中庸之道的人交朋友，那一定会结识那些狂放、耿直的人吧！狂放的人勇于进取，耿直的人有自己不可改变的处事原则，有些事是不会去做的。'孔子难道不想行中庸之道吗？不能必得，所以想退而求其次。"

　　万章问："请问，怎样的人才能称得上是狂放的人呢？"

　　孟子回答说："像琴张、曾皙、牧皮这类人就是孔子所说的狂放的人。"

　　万章问："为什么说他们是狂放的人呢？"

　　孟子回答说："因为他们胸怀大气，夸夸其谈，张口闭口总是说，古代的人怎么怎么样，古代的人怎么怎么样。然而考察一下他们的行为，他们的言行却大相径庭。这种狂放的人又不能得到，那就想和那种不屑于做坏事的人交朋友，这种人就是耿直的人——狷介之士，这种人比狂放的人差一点。孔子说：'从我家大门口经过，却从不进来拜访我，我又不觉得不满意的，那只有好好先生吧！这种好好先生，是害道德的贼人哪！'"

　　万章问："怎样的人就可以叫他做好好先生呢？"

　　孟子回答说："他们批评狂放的人，说：'为什么这么志气高大呢？实际